人生に
無意味なことなどない
今を生きる
コヘレトの言葉

小友 聡 Satoshi Otomo

草思社

ダビデの子、エルサレムの王、
コヘレトの言葉。
ほんの束の間、とコヘレトは
言う。ほんの束の間、すべて
は束の間である。

第1章1―2節「導入の言葉」より

そうだ、太陽の下で人がさんざん労苦し、心を尽くしたところで、人に何が残るか。

そうだ、人の一生は苦しみ、また人の務めは悩み。

夜も心は休まることがない。これもまた束の間である。

食べて飲み、その労苦によって魂に良いものを見せること、それ以外に人に幸いはない。

それもまた神の手から与えられるものだとわたしは見ている。

そうだ、このわたしのほかに誰が食べ、誰が楽しむというのか。

そうだ、神の前で良き人に神は知恵と知識と楽しみを与えられる。

また罪ある人には集めて積み上げる務めを与え、それを神の前で良き人に与える。これもまた
束の間であり、風を追うことである。


第2章22–26節「王の企ての結び」より

天の下ではすべてに時があり、すべての出来事に時がある。
生れる時、死ぬ時。植える時、それを抜く時。
殺す時、癒す時。破壊する時、建てる時。
泣く時、笑う時。嘆く時、踊る時。
石を投げる時、石を集める時。抱擁の時、抱擁をやめ突き放す時。
求める時、失う時。保つ時、放つ時。
裂く時、縫う時。黙す時、語る時。
愛する時、憎む時。戦いの時、平和の時。
人が労苦するとき、何の益があろうか。

第3章1－9節「時の詩文」より

一人より二人が良い。共に労苦すれば、彼らに良い報いがある。
そうだ、彼らがたとえ倒れても、一人がその仲間を起こす。
倒れても起こしてくれる友がいない人は不幸だ。
さらに、もし二人で寝れば暖まれる。
一人ならばどうして暖まれるだろうか。
たとえ一人が襲われても、二人でこれに立ち向かう。
三つ撚りの糸はたやすくは切れない。
貧しく知恵ある若者のほうが、もはや忠告を聞き入れない老齢の愚かな王よりも良い。

第4章9－13節「太陽の下での虐げ②」より

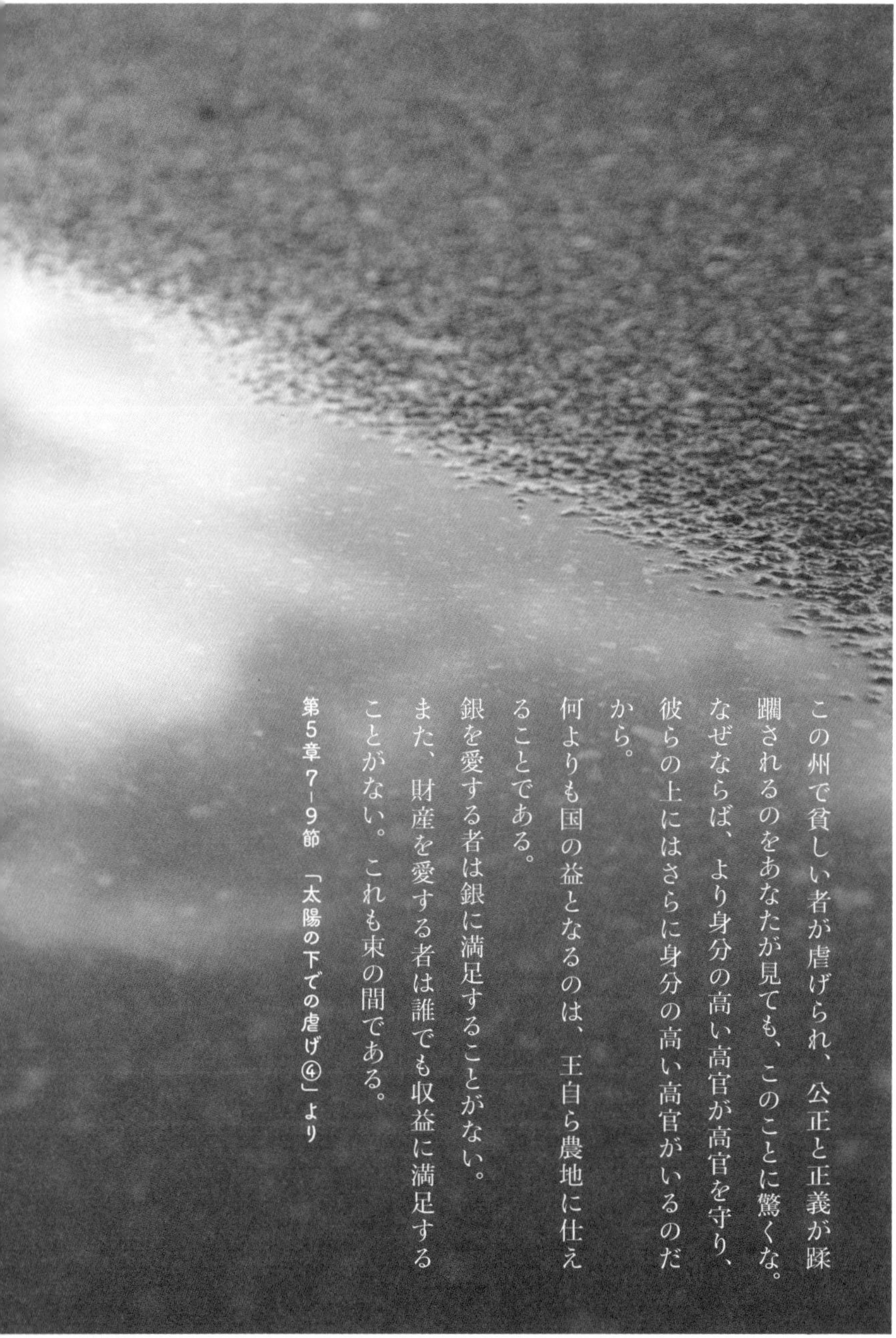

この州で貧しい者が虐げられ、公正と正義が蹂躙されるのをあなたが見ても、このことに驚くな。なぜならば、より身分の高い高官が高官を守り、彼らの上にはさらに身分の高い高官がいるのだから。

何よりも国の益となるのは、王自ら農地に仕えることである。

銀を愛する者は銀に満足することがない。また、財産を愛する者は誰でも収益に満足することがない。これも束の間である。

第5章7–9節「太陽の下での虐げ④」より

人の労苦はすべて口による。けれども、魂は満たされない。

そうだ、賢者には愚者にまさる何の益があるか。貧しい人はどうして人生の歩みを知るか。

目が見ることは魂が過ぎ去るよりも良い。これもまた束の間であり、風を追うことである。

すでに存在するものは名で呼ばれる。それが人間だということも知られている。彼は自分より強い者を訴えることはできない。

言葉が多ければ、束の間も増す。それが人には何の益になるか。

そうだ、束の間の人生の日々において何が人にとって良いかを誰が知るだろうか。彼はその人生を陰のように過ごす。太陽の下、その後に何が起こるかを誰が人に告げることができようか。

第6章 7–12節 「太陽の下での不幸②」より

名声は良質の油よりも良い。死の日は誕生の日よりも良い。
喪の家に行くのは酒宴の家に行くよりも良い。そこには、すべての人間の終りがある。
生きる者はそれに心を留める。
悩みは笑いよりも良い。そうだ、顔が曇っても、心は晴れる。
知者たちの心は喪の家にあり、愚者たちの心は喜びの家にある。
知者の叱責を聞くのは愚者たちの歌を聞くよりも良い。

第7章1-5節 「太陽の下での不幸③」より

わたしの束の間の日々にすべてをわたしは見た。義ゆえに滅びる義人がおり、悪ゆえに生き永らえる悪人がいる。あなたの義が多すぎてはならない。あなたは過度に賢すぎてはならない。どうしてあなたが自滅してよかろうか。あなたは悪すぎてはならない。愚かであってはならない。どうしてあなたの時でないのにあなたが死んでよかろうか。

第7章15－17節「黙示批判①」より

人生に無意味なことなどない　今を生きるコヘレトの言葉

はじめに～コヘレトの言葉の魅力と魔力

この本を手に取る皆さんは、「コヘレト」という言葉に目が留まったでしょうか。何かしらコヘレトに興味ある皆さんは、「聖書」をよく読んでおられる方かもしれません。あるいは、まったく読んだことがない方かもしれません。いずれであっても、とにかく本書を手にされたことを私は嬉しく思います。

一般にはあまり馴染みのない「コヘレト」ですが、２０２０年４月から、ＮＨＫ Ｅテレ「こころの時代」で６回シリーズ（「それでも生きる」旧約聖書コヘレトの言葉）として紹介されたこともあり、関心をお持ちになった方もおられるでしょうか。徐々にではありますが、「コヘレト」は知られるようになりました。本書はこの「コヘレト」を皆さんに詳しく紹介するために書かれました。

コヘレトとは、「コヘレトの言葉」という旧約聖書の中の一書です。旧約聖書の中でも癖が強く、理解するにはちょっと手ごわい相手です。この書の難解さを何とか噛み砕いて解説するのが本書の目的です。しかし、放送用のテキストのように入門書的に書かれた本ではありません。斜め読みしただけですーっと頭に入る、コヘレトの解説書では必ずしもありません。本書の特徴は、まず「コヘレトの言葉」の全文を原典に忠実に翻訳し、それをもとに、内容をできるだけわかりやすく説明することです。

そんな本ならば、「コヘレト」を探究したい人のための学術書だ、と敬遠されるかもしれません。しかし、本書はそういう意図で書かれてはいません。お読みになればわかるとおり、「コヘレトの言葉」をできるだけ今の私たちに引き寄せる解説をしています。そこから、今を生きる私たちに役立つヒントも見えてきます。ＮＨＫの番組だけでは知り得なかった「コヘレトの言葉」がきちんとわかるようになるはずです。本書を読んで、コヘレトの肉声に触れていただければ幸いです。なお、原文の私訳と共に日本聖書協会の「新共同訳」も掲載しました。これは、原文を理解するための参考です。

では、本題に入る前に、「コヘレトの言葉」についておさらいをしておきましょう。

❶コヘレトとは？

「コヘレト」というのは人の名前です。ただし、本名ではなく、役職名あるいはニックネームといっても良いでしょう。「コヘレト」はヘブライ語ですが、その意味は「集める人」あるいは「集会を司る人」です。コヘレトが書き記した書なので、この書は「コヘレトの言葉」と呼ばれます。この書名は、かつて「伝道の書」と呼ばれました。どうして「伝道の書」と呼ばれたかというと、ドイツ語のルター訳聖書の書名が「説教者ソロモン」であったからだと思われます。「説教者」は日本では「伝道者」と見なされたので、明治元《めいじもと》訳で「伝道の書」（１８８７年）という名が付けられ、以来、キリスト教ではこの書名が定着していました。１９８７年の新共同訳から、原文に基づいて「コヘレトの言葉」という書名に改まりました。書名が変更して、イメージがずいぶん変わった気がします。

「コヘレト」が具体的にどのような人物であったかはよくわかりません。旧約聖書時代のイスラエル民族の知恵を伝承する知者・賢者の一人であったことは間違いありません。人々に知恵を語り、いかに生きるかを教え、共同体を指導する優れた教師でした。

「コヘレト」の正体はソロモン王である、と信じる人もいるでしょう。それは、この書の冒頭に「ダビデの子、エルサレムの王、コヘレトの言葉」と書かれているからです。けれども、今日、コヘレトをソロモン王だと考える研究者はほとんどいません。この文書には「ソロモン」という名前は一度も出てきませんし、また、歴史的に考えても、ソロモン王の時代に記された書だとは説明できないからです。ちょっと謎めいていますが、それは本書を読んでくだされば、納得できるはずです。

❷いつ、どこで、何を目的として書かれたか

「コヘレトの言葉」は旧約聖書の一書です。いつ書かれたかという問いに対して、もしソロモン王の時代と答えれば、紀元前10世紀の王国時代初期とい

うことになります。しかし、すでに指摘したとおり、ソロモン王が書いたはずはありません。この書のヘブライ語の語彙と用例を調べると、捕囚後、つまり紀元前6世紀以降だということは明らかです。ユダ王国が大国バビロニアによって滅ぼされ、イスラエル民族が歴史から失われる過酷な時代でした。しかし、バビロニアに捕囚された民がペルシャ帝国から解放され、帰還した人々により神殿が再建されて、宗教共同体が復興します。捕囚後とは、その時代を示します。旧約聖書時代の後期ですが、多くの研究者は紀元前3世紀以降のヘレニズム時代だと考えます。旧約聖書時代の最後の時代です。これから解説しますが、私はこの書が紀元前2世紀半ばに書かれたと考えます。ダニエル書という黙示文学の書がありますが、これが記された時代に、しかもこの書に対抗して、「コヘレトの言葉」は書き記されました。

マカバイ戦争の時代です。セレウコス朝シリアがユダヤ地方を支配し、その軍事的・政治的・宗教的支配に対抗して、マカバイ家の者たちが軍事闘争を展開しました。それによって、ユダヤはセレウコス朝の支配を覆し、自治権を獲得するのです。いわば独立を獲得したわけですから、ユダヤ人社会が民族的に高揚した時代でもありました。しかし、他方で、ユダヤ人社会は混迷します。政権がセレウコス朝からマカバイ家の軍事指導者に移行しただけではありません。ユダヤ社会内部にも分裂が生じました。

マカバイ家の一人、ヨナタンが大祭司に就任したために、それを受け入れない人々が神殿祭儀を拒否し、共同体から離脱したのです。紀元前2世紀半ばです。離脱者たちは非常に敬虔な人々で、黙示思想を原理とする宗教的集団を形成しました。初期のクムラン共同体です。コヘレトはこの集団に対して厳しい非難を浴びせます。黙示思想は死後の復活を信じ、現世を否定的に考え、来世に生きることに価値を見いだしました。コヘレトは、それとは真逆な立場です。現世を生きることに価値を置き、来世願望を退けました。人間は神によって塵から造られたゆえに、塵に帰り、死で終わるのです。その人間の「終末」を見つめ、そこから反転して、残された時間を生きるという発想をコヘレトはします。それは旧約聖書本来の死生観です。生きられる時間は「束の間」だからこそ、それを神の賜物として喜び、生きることが教えられます。これがコヘレトの知恵であり、姿勢です。「コヘレトの言葉」は、神殿のあるエルサレムで書かれたのは間違いありません。

「コヘレトの言葉」が書かれた理由は、旧約聖書本来の生き方を覆す黙示思想を否定し、共同体内の社会的混迷を回復に向かわせるためでした。コヘレトが「集める人」を意味するのも、分裂した共同体を回復させる目的と関係しています。

❸どんな内容の書なのか

「コヘレトの言葉」は、旧約聖書の知恵文学に属します。この書には格言もたくさん記されています。同じ知恵文学の「箴言《しんげん》」と似ています。しかし、知恵と愚かさを逆転させ、知恵を身に着けても結局は死んでいくのだと語るコヘレトの「知恵」は過激で、破壊的ですらあります。他方で、コヘレトは敬虔に神を畏れること（神信仰）を語り、共生の勧めや建徳的な知恵をも語ります。支離滅裂な印象を拭い切れません。そのため、この書を虚無主義者あるいは厭世主義者の書として理解する、いわゆる反面教師的な読み方がこれまでされました。

けれども、コヘレトは一貫した姿勢で語っています。本書の目次で「コヘレトの言葉」の流れを辿っても、それがある程度おわかりになるはずです。コヘレトは、死で終わる人生をどう生きるべきかを説きます。コヘレトが「束の間」という語（「空」や「空しさ」とも訳される）を38回も繰り返すのは、そのことを説明します。この世界は終末に向かって進み、やがて完成の日が来るという歴史観をコヘレトはきっぱりと否定します。コヘレトは、すべては繰り返されるだけで、終りはないと宣言します（第1章）。終りとは人間の死であり（第12章）、死に至る人間の時間が「束の間」と表現されるのです。この「コヘレトの言葉」の最初と最後に「すべては束の間である」と記されることに注目しましょう。

「コヘレトの言葉」には、「死」「宿命」「陰府《よみ》」「終り」など、人間の死を表現するリアルな言葉や表現が何度も出てくるので、とても暗い印象がありますけれども、むしろ真逆のことが意図されています。コヘレトは「死」を跳躍台にし、そこから反転して、「生かされている生」を説きます。「束の間」の人生を生きることは神の賜物だと。平均寿命が30代の半ばであった旧約聖書の時代に、コヘレトの人生感覚は私たちにも理解しうるのではないでしょうか。

コヘレトの教えの特徴はそれだけにとどまりません。先行き不透明で、息苦しく、不安な時代に、明日に向かって精いっぱい、種を蒔き続けなさいと建設的に教えています。コヘレトは、虚無主義者や厭世主義者などではなく、むしろ建設的な悲観論者だと言って良いのではないでしょうか。

「コヘレトの言葉」の基本的内容は、「束の間」の人生を生きるという教えです。その伏線として、黙示思想との対論が展開されます。その意味で、この書は内容的には論争的です。また、社会的な現実を直視する部分がいくつもあります。コヘレトは、現世を生きるゆえに、社会のゆがみや格差、不条理にも目を向けます。そこに冷めたリアリズムがあります。しかし、そういう社会の現実を見つめるコヘレトの眼差しには、冷たさより優しさがあるのは確かです。

❹そもそも、旧約聖書とはどういう書か

「コヘレトの言葉」について説明をしてきましたが、そもそもこの書が記される旧約聖書とはどんな書なのでしょうか。

旧約聖書はイスラエル民族の歴史を書き記した39巻から成る文書です。旧約聖書はキリスト教での呼び名です。キリスト教では旧約聖書に新約聖書を加えて、「聖書」とします。それに対して、ユダヤ教では、聖書はヘブライ語聖書のことで、キリスト教の旧約聖書39巻とは配列が異なります。

旧約聖書は、キリスト教の救済史的な歴史観に基づいて配列されています。旧約聖書の目次を見ていただければわかりますが、律法を含む歴史書→文学書→預言書という順序です。神の救済が天地創造から始まり、終末の「神の

国」到来に至る壮大な歴史が読み取れます。

旧約聖書の成立はイスラエル民族史と深くかかわります。それは、統一王国時代、分裂王国時代、北王国滅亡、南王国滅亡、捕囚時代、捕囚後の神殿再建とユダヤ教団の成立、さらに紀元前2世紀に至ります。数百年にわたる長い歴史を経て、徐々に編纂されたと考えられます。各文書を誰が書いたかは必ずしも特定できません。驚かれるかもしれませんが、天地創造の記述から始まる創世記が最古というわけではありません。歴史的には、エジプトを脱出する出エジプトの出来事がイスラエル民族の起源であり、それが核となって伝承され、発展したと考えられます。その最終段階に成立した「コヘレトの言葉」は、旧約聖書の知恵文学に属し、箴言やヨブ記もこれに含まれます。

旧約聖書を通じて一貫している思想は、イスラエルの神ヤハウェへの信仰です。ヤハウェ一神教が旧約聖書の特徴です。この旧約聖書を生み出したイスラエル民族は王国を形成しましたが、常に諸民族との敵対関係の中で歴史を刻みました。エジプト、アッシリア、バビロニア、ペルシャ、ギリシャという大国の興亡のはざまでイスラエルは翻弄され、また軍事的侵略の対象となりました。一周辺民族にすぎないイスラエルが「神の民」としてどう生きたら良いかを、旧約聖書はつぶさに語っています。

旧約聖書の思想の土台となるのは契約思想です。モーセを介してイスラエルは神と契約を結び、「神の民」とされました。この契約をイスラエルは破棄したために滅びるのです。それゆえにまた、契約への立ち返りは常にイスラエルの使命とされます。旧約聖書では、イスラエルがこの契約を守る「契約共同体」であることが強く意識されます。律法の規定、とりわけ十戒を遵《じゅん》守《しゅ》し、神殿礼拝が大事にされるのです。これらが、その後に成立する新約聖書の背景となっています。旧約聖書がいかなる書かについて、多少でもおわかりいただけたでしょうか。

旧約聖書を説明する場合に重要な視点は、それが複数原理で書かれているということです。決して一元的ではないのです。教条的で、かたくなな律法主義だと見られがちですが、相反する思想も存在します。その意味で、排他的ではなく、多様性を保持しています。それは、コヘレトの思想と相反するダニエル書が同時に旧約聖書に含まれることからもわかります。

❺この書を理解するために

「コヘレトの言葉」を理解するヒントになることを書きましょう。まず、コヘレトの時代は社会的に混迷していたということです。戦争に巻き込まれる現実をコヘレトはリアルに感じ取っています。変動する時代のはざまで、社会の矛盾や歪みが垣間見えてきます。加えて、終末思想が社会の不安を煽《あお》ります。そのような時代に、どう生きるか。コヘレトは来世を憧れることを拒否し、今、与えられている現実を受け入れ、それを神の賜物として喜び生きる生き方を提示しました。他者との共生、共同体の形成を志向します。コヘレトの眼から見れば、現実は厳しく、将来を悲観せざるを得ない状況にあります。けれども、残された束の間の時間を精いっぱい生きることをコヘレトはひたむきに考えます。前向きに、種を蒔けと教えています。「コヘレトの言葉」は、今を生きる私たちに向かっても光を放ちます。

2025年3月

小友　聡

人生に無意味なことなどない　今を生きるコヘレトの言葉　目次

すべては空しい　飲み食いを楽しみなさい

第9章

生きてさえいれば、希望がある

Column 3

第10章

何が起こるかを人は知り得ない

最善を尽くし、徹底して生きよ

塵《ちり》は元の大地に帰る

第1章

すべては空しい

ダビデの子、エルサレムの王、コヘレトの言葉。
ほんの束の間、とコヘレトは言う。ほんの束の
間、すべては束の間である。

〈新共同訳〉
エルサレムの王、ダビデの子、コヘレトの言葉。
コヘレトは言う。
なんという空しさ
なんという空しさ、すべては空しい。

解説

この書の表題と導入の言葉が記されます。コヘレトというのは、この書を記した人物の名ですが、いわばニックネームです。これはヘブライ語で「集める人」という意味です。集会の招集者、集会者とも訳せます。意外に思われるでしょうか。この書は以前、「伝道の書」と呼ばれました。おそらく、ドイツ語のルター訳聖書が「説教者ソロモン」という書名であるゆえに、その「説教者」が「伝道者」と言い換えられて、文語訳以来、「伝道の書」と呼ばれたのだと思われます。

コヘレトがエルサレムの王、「ダビデの子」[1]だとすると、ソロモン王[2]だと思われがちです。けれども、この書には一度も「ソロモン」という名は出てきません。コヘレトは「ソロモン」に自ら偽装して語ります。その意図はこれから解きほぐされてゆきます。

「ほんの束の間」はこの書で最も有名な句です。たいていの場合、「何という空しさ」「空の空」などと訳されますが、「空しさ」「空」と訳されるヘブライ語「へベル」は「束の間」と訳されるのがふさわしいと思います。「へベル」は、創世記にある「カインとアベル物語」の「アベル」と同一の綴りです。アベルは兄カインに殺され、人生は短かったというニュアンスがあります。コヘレトはアベルに寄せて「へベル」を語るかのようです。へベルは「空しさ」「空」のほかに、「無意味」「矛盾」「不条理」「蜃気楼」「謎」など、さまざまに訳すことも可能です。けれども、「人生は束の間」という意味で、コヘレトはこの語を繰り返しています。**人生はほんの束の間だけれども、それをどう生きるか**をコヘレトは語るのです。

1——ダビデの子

新約聖書では「キリストの称号」として知られていますが、「コヘレトの言葉」ではダビデの息子たちのことです。ソロモンがその一人で、ダビデ王の後継者としてイスラエル王国を継承しました。

2——ソロモン王

ダビデ王を後継したイスラエル統一王国の王です。偉大な支配者であると同時に、最高の知者でもありました。新約聖書では、ソロモン王の繁栄が称賛され、「ソロモンの栄華」と言われます。

第1章3–11節　冒頭の詩

人には何の益があろうか。太陽の下で人が労苦するすべての労苦においては。
一代過ぎればまた一代が興る。
大地は永遠に留まる。
太陽は昇り、太陽は沈む。
その場所をあえぎ求め、またそこに昇る。
南に向かい、北へ巡り、
巡り巡って風は吹く。巡り続けて風は戻る。

すべての川は海に注ぐが、海は満ちることがない。
どの川も流れる場所へと向かい、繰り返し流れて行く。
すべての言葉は果てしなく、語り尽くすことができない。
目は見飽きることなく、耳は聞いても満たされない。
すでにあったことはこれからもある。すでに起こったことはこれからも起こる。
太陽の下、新しいものは何もない。
見よ、これこそ新しい、と言われるものがあるとしても、
われわれのはるか以前にそれはあった。
昔の人々が思い起こされることはない。

これから現れる後の人々についても、彼らは終りに現れる人々と共に、思い起こされることはないだろう。

〈新共同訳〉

太陽の下《もと》、人は労苦するが
すべての労苦も何《なに》になろう。
一代過ぎればまた一代が起こり
永遠に耐えるのは大地。
日は昇り、日は沈み
あえぎ戻り、また昇る。
風は南に向かい北へ巡り、めぐり巡って吹き
風はただ巡りつつ、吹き続ける。
川はみな海に注ぐが海は満ちることなく
どの川も、繰り返しその道程を流れる。

何もかも、もの憂い。
語り尽くすこともできず
目は見飽きることなく
耳は聞いても満たされない。
かつてあったことは、これからもあり
かつて起こったことは、これからも起こる。
太陽の下《もと》、新しいものは何ひとつない。
見よ、これこそ新しい、と言ってみても
それもまた、永遠の昔からあり
この時代の前にもあった。
昔のことに心を留めるものはない。
これから先にあることも
その後《のち》の世にはだれも心に留めはしまい。

解説

コヘレトの冒頭の詩はちょっと哲学的です。宇宙について語り、また人間について語ります。宇宙は循環し、完結せず、満ちることはありません。まるで輪廻転生のような世界観です。コヘレトにとって、宇宙に終末はなく、太陽も風も川も永遠に循環するだけです。

宇宙は循環し、永遠に完結せず、満ちることがないとすれば、聖書の歴史観とは異質のように思えます。聖書では、始まり（創造）があり終わり（終末）がある、と言われているからです。けれども、一方でコヘレトのような時間認識もあるのです。意外だと思うでしょうか。コヘレトは循環的な思考をします。人間についても同様です。**人間は満たされず、満ちることがありません。**「満ちない」とは、実は完成がないということです。

コヘレトはそもそも人間世界に終末があるとは考えないのです。過去にあったことはこれからも起こる。これは将来に対する徹底した懐疑です。ものすごく冷めたものの見方をしています。この将来への懐疑はコヘレトの絶望的な結論であるかに見えます。

けれども、終りがなく、完成のない世界の中で、コヘレトは人生をどう生きるかを考えます。宇宙には終りがなく、人間世界も終りがありません。それに対し、自分という存在は有限で儚《はかな》い。人生はまるで風のように、「ほんの束の間」です。

ところが、コヘレトは、**人生は束の間だから意味がないとは決して考えません。逆に、束の間だからこそ意味がある**、と考えます。人生が束の間だということは、むしろ人生をどう生きるかを深く考えるきっかけを与えてくれるからです。

第1章12―18節　王の企て①「知者としての王の企て」

わたしコヘレトは、エルサレムでイスラエルの王であった。

わたしは知恵によって、天の下でなされるすべてのことを尋ね極めようと、心を尽くした。それは、神が人の子らに与えて、労苦させるつらい務めであった。

わたしは太陽の下で行われるすべての業《わざ》を見た。

見よ、すべては束の間であり、風を追うことである。

曲がったものはまっすぐにはならず、失われたものは数えられない。

わたしは自分の心に語りかけて、こう言った。

「見よ、わたしより前にエルサレムにいた誰にも勝って、私は偉大になり、知恵を増し加えた」

わたしの心は多くの知恵と知識を見極めた。

わたしは一心に知恵を悟ろうとし、また狂気と愚かさを悟ろうとした。

わたしは知った。これもまた風を追い求めることであると。

そうだ、知恵が多ければ、悩みも多い。

知識が増し加われば、苦しみが増す。

〈新共同訳〉

わたしコヘレトはイスラエルの王としてエルサレムにいた。天の下《した》に起こることをすべて知ろうと熱心に探究し、知恵を尽くして調べた。神はつらいことを人の子らの務めとなさったものだ。わたしは太陽の下《もと》に起こることをすべて見極めたが、見よ、どれもみな空しく、風を追うようなことであった。

ゆがみは直らず、
欠けていれば、数えられない。

わたしは心にこう言ってみた。「見よ、かつてエルサレムに君臨した者のだれにもまさって、わたしは知恵を深め、大いなるものとなった」と。わたしの心は知恵と知識を深く見極めたが、熱心に求めて知ったことは、結局、知恵も知識も狂気であり愚かであるにすぎないということだ。これも風を追うようなことだと悟った。

知恵が深まれば悩みも深まり
知識が増せば痛みも増す。

解説

コヘレトは一人称で語ります。独白（モノローグ）です。コヘレトはイスラエルの王だと名乗ります。けれども、これは虚構です。コヘレトは王のふりをして語るのです。どうしてかというと、コヘレトの文学的な戦略なのです。コヘレトはソロモン王になり切ります。

ソロモンはご承知のとおり、旧約聖書では最高の知恵者であり、知恵の権化として知られます。知恵文学は、特に箴言がそうであるように、ソロモンに帰され、ソロモンの名によって権威づけられます。「コヘレトの言葉」も知恵文学ですから、ソロモンの権威を借りて書かれていると言えそうです。ところが、コヘレトの場合は「ソロモン」という名を一度も語りません。「ダビデの子」という名のもとに、自らがソロモン王であるかのように振る舞います。コヘレトはソロモン王に擬装し、「王の企て」という虚構を語るのです。どうしてこんな奇妙な振る舞いをするのでしょうか。

この「王の企て」は第2章の終わりまで続きます。全部で四つの段落があり、ここは第1の段落です。つまり、ソロモン王が最高の知者であったことに寄せて、コヘレトは知者の宿命を語るのです。この宿命の結果は、「これもまた風を追うことである」という懐疑的な結論です。これに続く、第2、第3、第4の段落も同様です。すべては「風を追うこと」なのです。

冒頭の詩文では、循環し、完成せず、満ちることがない世界についてコヘレトは語りました。それが冒頭の詩文の主題でした。それに続くこの「王の企て」は、この詩文とはかけ離れた内容です。しかも、虚構です。ちぐはぐで支離滅裂なことをコヘレトが語っているかのように思われます。けれども、ソロモン王に扮装したコヘレトは、「満たされない王」を語るのです。最高の知者であっても、どんなに高度な知恵を身に着けても、満たされず、完成しない。それは、**「すべては完成に向かわない」**という冒頭の詩文の主題をなぞっているのです。知恵によって「満たされない」ならば、どう生きるかをコヘレトは模索します。

第2章

飲み食いを楽しみなさい

第2章1–11節　王の企て②「富者としての王の企て」

わたしは心の中で言った。
「さあ、わたしは喜びに浸ろう。良いものを見よ」
見よ、これもまた束の間である。
笑いについて、わたしは無意味だと言い、
また喜びについては、これが何になる、と言った。
わたしは葡萄酒で体を刺激しようと心に決めた。
わたしの心は知恵で導かれるが、天の下、人の子らの短い人生で何が
良いことかを見るまで、わたしは愚かさに身を委ねた。
わたしは事業を拡大した。

自分のために邸宅を建て、自分のために葡萄園を設けた。
自分のために庭園や菜園を造り、そこにあらゆる果樹を植えた。
自分のために池を造り、それによって樹木の生い茂る森林を潤した。
男女の奴隷を手に入れ、さらに家の子らがわたしにはいた。
所有する牛や羊の数も、わたしより前にエルサレムにいた誰よりも多かった。
わたしは自分のために銀や金も蓄え、王たちの財宝や諸州を所有した。
自分のために男女の歌い手を揃え、人の子らの喜びである側女たちを置いた。
わたしより前にエルサレムにいた誰よりもわたしは偉大な者となり、栄えた。

知恵もまたわたしに留まった。

わたしの目に好ましいものすべてをわたしは拒まなかった。

わたしはすべての喜びから心を引き離さず、わたしの心はすべての労苦を喜んだ。

これが、すべての労苦から得た私の分け前であった。

けれども、わたしは振り返った。わたしの手がなしたすべての業《わざ》、またわたしがなそうと労した労苦を。

見よ、すべては束の間であり、風を追うことである。太陽の下に益はない。

〈新共同訳〉

わたしはこうつぶやいた。
「快楽を追ってみよう、愉悦に浸ってみよう。」
見よ、それすらも空しかった。
笑いに対しては、狂気だと言い
快楽に対しては、何《なに》になろうと言った。
わたしの心は何事も知恵に聞こうとする。しかしなお、この天の下《した》に生きる短い一生の間、何をすれば人の子らは幸福になるのかを見極めるまで、酒で肉体を刺激し、愚行に身を任せてみようと心に定めた。
大規模にことを起こし
多くの屋敷を構え、畑にぶどうを植えさせた。
庭園や果樹園を数々造らせ
　さまざまの果樹を植えさせた。
池を幾つも掘らせ、木の茂る林に水を引かせた。
買い入れた男女の奴隷に加えて
　わたしの家で生まれる奴隷もあり
かつてエルサレムに住んだ者のだれよりも多く
牛や羊と共に財産として所有した。
金銀を蓄え
　国々の王侯が秘蔵する宝を手に入れた。
男女の歌い手をそろえ
人の子らの喜びとする多くの側女《そばめ》を置いた。
かつてエルサレムに住んだ者のだれにもまさって
わたしは大いなるものとなり、栄えたが
なお、知恵はわたしのもとにとどまっていた。
目に望ましく映るものは何ひとつ拒まず手に入れ
どのような快楽をも余さず試みた。
どのような労苦をもわたしの心は楽しんだ。
それが、労苦から私が得た分であった。
しかし、わたしは顧みた。
　この手の業、労苦の結果のひとつひとつを。
見よ、どれも空しく
風を追うようなことであった。
太陽の下《もと》に、益となるものは何もない。

解説

コヘレトがソロモンに擬装する「王の企て」の第2段落です。ソロモンは最高の知者であると同時に、最高の富者でした。世界のあらゆる富を手に入れ、喜びに浸ろうとします。邸宅を建て、葡萄園を設け、さらに庭園や楽園を造ります。また、金や銀や財宝をも所有します。「楽園」はパルデースという語で、パラダイスはこの語に由来します。この楽園のイメージは天地創造の楽園物語と結びつきます。まるで神の楽園にいるようなソロモンの富の偉大さが称賛されます。

ソロモン王に扮したコヘレトは好ましいものはすべて手に入れ、人生のありとあらゆる喜びを味わいました。それは一生懸命に労苦した結果でもあります。コヘレトはそれを「分け前」と呼びます。神から与えられた賜物という意味です。

けれども、最高の富者であったソロモンの、いやコヘレトの結論は、「すべては束の間であり、風を追うこと」でした。コヘレトが先に、最高の知者として見いだした結論と同じです。最高の富者が、多くの富を集めても、満たされず、完成はないのです。コヘレトが「短い人生で何が良いことかを見るまでは、私は愚かさに身を委ねた」と語るのは象徴的です。人生は「束の間」ということと響き合います。

この「王の企て」の第2段落でも、ソロモンの虚構の戦略が浮き彫りになります。第1章の冒頭の詩では終りがない世界が描かれました。続くこの第2章でも、コヘレトは「満ちず」「完成せず」「終りはない」というモチーフを継続し、富者ソロモンを通して、人生は「束の間」であることを徹底して見つめさせます。

このことは、新約聖書の「ソロモンの栄華のたとえ」ルカ福音書第12章[3]

22-34節と重なります。イエスは弟子たちに、明日は炉に投げ込まれる野の花を示し、「栄華を極めたソロモンでさえ、この花の一つほどにも着飾ってはいなかった」と語りました。コヘレトと同様に「束の間の人生」が通奏低音になっています。**野の花の命《いのち》は儚《はかな》いけれど、そこに神が寄り添う恵みが教えられ、だから「思い煩うな」と説かれます。**イエスもまた、間違いなくコヘレトの言葉を知っていたのです。

3――**ルカ福音書**
新約聖書の四つの福音書の一つで、マタイ、マルコに続く3番目の福音書。使徒言行録とつながっている福音書です。

第2章12–21節　王の企て③「王の後継者への疑念」

また、わたしは振り返って、知恵を見、また狂気と愚かさを見た。

そうだ、王の後にやって来る者が、すでになされたことをするだけなら、何になるか。

わたしが見たところでは、光には闇より益があるように、知恵には愚かさより益がある。

知者の目は頭にあるが、愚者は闇の中を歩む。

けれども、わたしは知った。両者に同じ運命が臨むことを。

わたしは心の中でこう言った。

「愚者の運命はわたしにも臨む。わたしが知者になっても何の益になるか、これは利益なのか」

そこで、わたしは心の中で、これもまた束の間である、と語った。

そうだ、知者は愚者と同様に、永遠に思い起こされることはない。

なぜなら、やがて来る日にはすべてのことが忘れ去られるからである。

知者が愚者とともに死ぬとはどういうことか。

わたしは人生を厭う。

なぜなら、太陽の下で行われる業がわたしにとってつらいからである。

そうだ、すべては束の間であり、風を追うことである。

太陽の下でわたしがなすすべての労苦をわたしは厭う。

なぜなら、わたしの後に来る者にそれは引き渡されるのだから。

その者が知者か愚者か、誰が知るか。太陽の下で知恵を尽くしてわたしがなしたすべての労苦を彼が支配する。これもまた束の間である。

太陽の下でわたしがなしたすべての労苦に、わたしの心は絶望するほかなかった。

知恵と知識と才能を尽くして労苦した人は、労苦しない人にそれを分け前として譲らなければならない。これもまた束の間であり、大いに不幸なことである。

やがて来る日には、すべて忘れられてしまう。
賢者も愚者も等しく死ぬとは何《なん》ということか。
わたしは生きることをいとう。太陽の下《もと》に起こることは、何もかもわたしを苦しめる。どれもみな空しく、風を追うようなことだ。

太陽の下でしたこの労苦の結果を、わたしはすべていとう。後を継ぐ者に残すだけなのだから。その者が賢者であるか愚者であるか、誰が知ろう。いずれにせよ、太陽の下《もと》でわたしが知力を尽くし、労苦した結果を支配するのは彼なのだ。これまた、空しい。太陽の下《もと》、労苦してきたことのすべてに、わたしの心は絶望していった。知恵と知識と才能を尽くして労苦した結果を、まったく労苦しなかった者に遺産として与えなければならないのか。これまた空しく大いに不幸なことだ。

〈新共同訳〉

また、わたしは顧みて
知恵を、狂気と愚かさを見極めようとした。
王の後を継いだ人が
既になされた事を繰り返すのみなら何《なに》になろうか。
わたしの見たところでは
光が闇にまさるように、知恵は愚かさにまさる。
賢者の目はその頭に、愚者の歩みは闇に。
しかしわたしは知っている
両者に同じことが起こるのだということを。
わたしはこうつぶやいた。
「愚者に起こることは、わたしにも起こる。
より賢くなろうとするのは無駄だ。」
これまた空しい、とわたしは思った。
賢者も愚者も、永遠に記憶されることはない。

解説

コヘレトがソロモン王に擬装して語る「王の企て」の第３段落です。ここでは、「王の後継者への疑念」が表明されています。ソロモン王は最高の知者であり、最高の富者であり、そして最高の支配者でした。けれども、最高の知者、最高の富者であっても満たされず、完成しなかったように、ソロモンは絶対的な、最高の支配者であっても、満たされず、完成せず、ついに将来に絶望するのです。満ちず、完成せず、将来はないというモチーフがここでも貫かれます。

最高の支配者が見いだした結論は後継者への疑念です。「後に来る者」とは王の後継者のことで、ソロモンは後継者選びに失敗しました。人生最後の、最大の失敗です。列王記によれば、ソロモン王はレハブアムに王位を譲ったのですが、レハブアムは期待外れの愚かな王でした。レハブアムは王宮では長老たちの助言に耳を傾けず、逆に、若く経験の浅い側近たちの助言に従ったために、ソロモン王の築いた盤石な体制は脆くも崩れ去りました。租税軽減を求める王国北部の人々に対し、さらに過酷な税負担を強いたために、レハブアムに対する人々の不満が爆発して、ついに王国は南北に分裂してしまったのです。「王の後継者への疑念」は、このレハブアムの失態を指します。最高の支配者ソロモンの労苦は徒労に終わりました。

ソロモンは絶望し、「生きることを厭う」とすら語りますが、それは自死願望ではありません。ソロモン王に扮したコヘレトの戦略です。満たされず、完成せず、労苦は果てしないとソロモンを嘆かせることによって、「終りはない」とコヘレトは言いたいのです。第1章の冒頭の詩で宇宙の循環が説かれ、すべては完成に向かわないという終末批判がここでもやはり繰り返されます。すべては「束の間である」ことをコヘレトはソロモンに悟らせようとしています。にもかかわらず、その**「束の間」の人生をどう生きるか**をコヘレトは考えます。

そうだ、太陽の下で人がさんざん労苦し、心を尽くしたところで、人に何が残るか。

そうだ、人の一生は苦しみ、また人の務めは悩み。

夜も心は休まることがない。これもまた束の間である。

食べて飲み、その労苦によって魂に良いものを見せること、それ以外に人に幸いはない。

それもまた神の手から与えられるものだとわたしは見ている。

そうだ、このわたしのほかに誰が食べ、誰が楽しむというのか。

そうだ、神の前で良き人に神は知恵と知識と楽しみを与えられる。

また罪ある人には集めて積み上げる務めを与え、それを神の前で良き人に与える。これもまた束の間であり、風を追うことである。


〈新共同訳〉


まことに、人間が太陽の下《もと》で心の苦しみに耐え、労苦してみても何《なに》になろう。一生、人の務めは痛みと悩み。夜も心は休まらない。これまた、実に空しいことだ。

　人間にとって最も良いのは、飲み食いし自分の労苦によって魂を満足させること。


しかしそれも、私の見たところでは神の手からいただくもの。

自分で食べて、自分で味わえ。

神は、善人と認めた人に知恵と知識と楽しみを与えられる。だが悪人には、ひたすら集め積むことを彼の務めとし、それを善人と認めた人に与えられる。これまた空しく、風を追うようなことだ。

解説

ソロモンに扮する「王の企て」によって、コヘレトは、すべては「束の間である」という結論に至りました。それは、もちろん「空しい」という意味で理解することもできます。けれども、この空しさは決して否定的な最終結論ではありません。「束の間である」ということが、予想を超えた結論に至るのです。

なんと、コヘレトは飲み食いを賛美するのです。「魂に良いものを見せる」という言葉は、「魂を満足させる」とも訳すことができます。飲み食いを賛美するなんて、享楽主義者の結論なのでしょうか。そうではありません。食べることも飲むことも、よく考えてみれば、極めて日常的なことです。その飲み食いをコヘレトはたたえます。

人生は束の間だけれど、いや束の間だからこそ、その残り僅かな「束の間」

の時間において、日常の些事である「飲み食い」が最高に良いものになるのです。束の間が逆に日常の些事を大きな喜びに変えてくれます。これは逆説的な真理です。

明日は生きられないかもしれない人にとって、日常の些事である「飲み食い」は他の何物にもまさる幸せです。人生が残りわずかだからこそ、つまり束の間だからこそ、飲み食いが最良になる。これがコヘレトの論理です。

それゆえに、コヘレトにとって**「飲み食い」は「神の手からいただくもの」**。すなわち神の賜物となります。どんなに学識（知恵）があろうと、どんなに財産（富）があろうと、どんな立派な家柄（王位）であっても、自分の残りの時間がわずかだとわかれば、それまでの幸福感はがらりと変わるでしょう。何を所有しているかが重要ではありません。**今、生かされていることこそが重要で、それは神の恵みなのです。**この恵みに気づく時、人生は変わります。

イエスが弟子たちに語った言葉、「あなたがたも、何を食べようか、何を飲もうかと考えてはならない。また、思い悩むな」(ルカ福音書第12章29節)もコヘレトの言葉を反映しているのです。

第3章

すべてに時がある

天の下ではすべてに時があり、すべての出来事に時がある。
生まれる時、死ぬ時。植える時、それを抜く時。
殺す時、癒す時。破壊する時、建てる時。
泣く時、笑う時。嘆く時、踊る時。
石を投げる時、石を集める時。抱擁の時、抱擁をやめ突き放す時。
求める時、失う時。保つ時、放つ時。
裂く時、縫う時。黙す時、語る時。
愛する時、憎む時。戦いの時、平和の時。
人が労苦するとき、何の益があろうか。

わたしは見た、神が人の子らに与えて、労苦させる務めを。
すべてを神は時に適ってなさり、永遠を彼らの心に与えてくださった。
けれども、神が初めから終わりまでなさった御業を人は見極めること
はできない。
わたしは知った、生涯、喜んで良くなるほか彼らに良いことはない。
またすべての人は食べて飲み、そのすべての労苦によって良いものを
見る。
それこそが神の賜物である。
わたしは知った、神がなさったすべては永遠に存続する。何もそれに
付け加えることはできず、何もそれから除くことができない。しかし、
人が神を畏れるように神はなさった。

今あることはすでにあった。今後起こることもすでにあった。神は過ぎ去ったものを求める。

さらにわたしは見た。太陽の下、秩序ある場所には悪があり、正義の場所には悪人がいるのを。

わたしは自ら言う。義人と悪人を支配するのは神である。そうだ、天の下ではすべての出来事に、またすべての御業に時がある。

〈新共同訳〉

何ごとにも時があり
天の下《した》の出来事にはすべて定められた時がある。

生まれる時、死ぬ時
植える時、植えたものを抜く時
殺す時、癒《いや》す時
破壊する時、建てる時
泣く時、笑う時

嘆く時、踊る時
石を放つ時、石を集める時
抱擁の時、抱擁を遠ざける時
求める時、失う時
保つ時、放つ時
裂く時、縫う時
黙する時、語る時
愛する時、憎む時
戦いの時、平和の時。

人が労苦してみたところで何《なに》になろう。
わたしは、神が人の子らにお与えになった務めを見極めた。神はすべてを時宜にかなうように造り、また、永遠を思う心を人に与えられる。それでもなお、神のなさる業を始めから終わりまで見極めることは許されていない。
私は知った
人間にとって最も幸福なのは
喜び楽しんで一生を送ることだ、と。
人だれもが飲み食いし
その労苦によって満足するのは
神の賜物だ、と。
わたしは知った
すべて神の業は永遠に不変であり
付け加えることも除くことも許されない、と。
神は人間が神を畏れ敬うように定められた。
今あることは既にあったこと
これからあることも既にあったこと。
追いやられたものを、神は尋ね求められる。
太陽の下《もと》、更にわたしは見た。
裁きの座に悪が、正義の座に悪があるのを。
わたしはこうつぶやいた。
正義を行う人も悪人も神は裁かれる。
すべての出来事、すべての行為には、定められた時がある。

解説

「すべてに時がある」という人口に膾炙《かいしゃ》された聖書の名言は、ここに由来します。対句表現によってさまざまな「時」は28回も繰り返されます。「生まれる時、死ぬ時」から始まりますが、これは人生の始まりと終わりであって、人生全体を網羅しています。ここでは、自らが直接に関与できない神の支配が象徴的に表現されています。この神の支配が「時の詩文」の一貫する主題になっています。

戦争を示唆する言葉が目に留まります。「殺す時」「破壊する時」「泣く時」「嘆く時」「石を放つ時」、そして「戦いの時」がそうです。「植える時、植えたものを抜く時」も、激しい戦闘による農地の荒廃をほのめかします。せっかくの収穫の実りも敵によって奪われるということです。

「裂く時」は激しい悲しみや喪に服する際に衣を引き裂く習慣を示唆します。

「縫う時」は服喪期間の終了でしょうか。「石を集める時」は戦争終結後の復興への着手を暗示させますが、次の戦いへの備えであるかもしれません。人生は悲喜こもごもです。多くの涙が流されます。**コヘレトは戦いに明け暮れる不安定で、先の見えない時代に翻弄されながら、その中で、束の間の「笑う時」や「踊る時」や「抱擁の時」を経験したのだと思います。**

人生には、どんなに求めても、どんなにあがいても手中にできない「時」があり、またどんなに避けようとしても、避けられない「時」があります。何事にも時があるとは、人生をつぶさに体験したコヘレトの実感なのです。

この「時」は、カイロスと言い換えることができます。カイロスとは、時計で計ることができない質的な時間です。一瞬であり、また永遠でもある「時」です。神が介入する「時」です。そのような「時」というものが確かにあるのです。

けれども、コヘレトが決定的に重要なことを語るのは、その次に記されます。神はすべての時を造り「永遠を彼らの心に与えてくださった」にもかかわらず、その神がなさる御業を「人は見極めることはできない」、と否定的に語られているのです。

神が定めた時は確かにあるのです。それは永遠と言っても良いでしょう。けれども、人間はそれをあらかじめ知ることはできません。過ぎ去ってから、ようやくそれに気づかされるのです。**どんなに力を尽くしても、人は「時」を見極めることはできません。「時」をつかみ取ろうとしても、私たちの指の間からこぼれ落ちていきます。**今、この時がどんなに掛け替えのないものであるかを知らされます。「時」は隠されています。それは私たちにとって秘義としか言いようがありません。

第3章18―22節　死の宿命

わたしは心の中で人の子らについてこう言った。神が彼らを吟味して、彼らが動物にすぎないことを見させようとしたのだと。

そうだ、人の子らの運命と動物の運命とは同じ運命であって、一方が死ぬのと同様に他方も死ぬ。両者にあるのは同じ息である。人には動物より勝るものはない。

そうだ、すべては束の間である。

すべては同じ場所に行く。すべては塵から成り、すべては塵に帰る。

誰が知るか。人の子らの息が上に昇り、動物の息が下に、地に降ると。

わたしは見た。人がその業によって楽しむ以外に良いことはないと。それが彼の分け前であるから。

そうだ、その後に何が起こるかを誰が人に見せてくれるだろうか。

〈新共同訳〉

人の子らに関しては、わたしはこうつぶやいた。神が人間を試されるのは、人間に、自分も動物にすぎないということを見極めさせるためだ、と。人間に臨むことは動物にも臨み、これも死に、あれも死ぬ。同じ霊をもっているにすぎず、人間は動物に何らまさるところはない。すべては空しく、

すべてはひとつのところに行く。

すべては塵から成った。

すべては塵に返る。

人間の霊は上に昇り、動物の霊は地の下に降《くだ》ると誰が言えよう。人間にとって最も幸福なのは、自分の業《わざ》によって楽しみを得ることだとわたしは悟った。それが人間にふさわしい分である。

死後どうなるのかを、誰が見せてくれよう。

解説

コヘレトは死の向こうにあるものを考えることをしません。人は死んで塵に帰るのであって、その意味で動物と同じ運命を辿ります。このような此岸《しがん》的・現世的な考え方はペシミズム（悲観主義）だと評価すべきでしょうか。

しかし、これは旧約聖書でよく知られる伝統的な思想にほかなりません。問

題は、なぜコヘレトがこのような思想を強烈に提示するかです。

背景には、それと対照的な思想が存在し、それとの対論をコヘレトが目論見、展開している、と説明できます。その対照的思想とは、死者の復活の思想です（ダニエル書[4]第12章）。死んで塵に帰る人間がその後に復活するというこの黙示的な思想を、コヘレトは旧約聖書の伝統的な考え方に従って拒否します。ヨブ記を含め、旧約聖書の知恵の思想には、もともと死を超える彼岸的思想はありません。「二つの宿命」つまり死がすべての人に臨むのです。

コヘレトは復活を否定します。それは、復活思想では地上の人生を楽しみ、それを神からの「分け前」（賜物）として受け取る人生肯定的な生き方が否定されるからです。地上の人生に価値を見ず、死後の復活に価値を置く黙示思想にコヘレトは痛烈な批判を浴びせます。これは、復活信仰を奉じるキリスト教から見ればもってのほかでしょう。けれども、生きることに徹底してこだわり、人生を神から与えられた賜物として受け取り、とことんそれを楽しむ態度は、否定されるべき生き方ではありません。**死を見据える時、人は人生を振り返り、人生が神からの恵みであることに気づかされます。残された時は最後の一呼吸まで掛け替えのない賜物となり、それを生きようとするでしょう。**コヘレトはそのように生を無条件に肯定しています。

重要なことは、旧約聖書には、コヘレトのように復活を考えない生き方と、ダニエル書のように復活を信じる生き方とが共に存在するということです。コヘレトはその一方の生き方を示しています。

4――ダニエル書
旧約聖書の中で、黙示文学と言われる文書。バビロンの王宮でダニエルが見た幻から始まり、紀元前2世紀にイスラエルの民が経験する未曽有の迫害が予告されます。

Column 1

時を超えて真実を伝えるメッセージ
コヘレトの言葉と現代を生きる私たちとの共通性

「コヘレトの言葉」を読むと、現代を生きる私たちと共通するなあ、と思うことがいくつもあります。まず挙げたいのは、コヘレトが繰り返す「束の間」です。ヘブライ語でヘベルと言い、「空」や「空しさ」と訳せる言葉ですが、コヘレトはこれを「短さ」という意味で用います。人生は「束の間」という現実をコヘレトは見つめているのです。今から2200年前、平均寿命が35歳ほどであった時代に、コヘレトは「若さも青春も束の間だから」（第11章10節）と表現しました。いわば「命短し、恋せよ乙女」でしょうか。コヘレトは死から逆算された残りの時間を「束の間」と見て、これを神から与えられた人生として喜び、終わりまで全うしようとします。

このような人生観は決して現代と無縁ではなく、むしろ共通した感覚なのではないでしょうか。超高齢社会になった今、「束の間」という現実認識は、そのまま高齢者に当てはまります。

新型コロナウイルスによるパンデミックに翻弄された時期がありました。忍び寄る「死」を誰もが恐れました。東日本大震災の時にそうであったように、深刻な災害や事故を知るたび、日常生活は「死」と隣り合わせであることに気づかされます。死に向き合う人生をどう生きるか。しかし、死に向き合うからこそ、今、与えられている「いのち」がいかに大切か、がわかります。「人生は束の間」という認識は私たちに当てはまるものです。

コヘレトは終わりを見つめ、終わりから人生を考えます。中世の「メメント・モリ」(死を覚えよ)と似ています。人生は死から意味を与えられていると言わなければなりません。束の間を生きるからこそ、日常の小さな喜びが私たちに幸せをもたらし、生き甲斐になります。コヘレトは「飲み食い」を賛美しています。どんなに時空は離れていても、人間が考えることはさほど変わりがないのだと思わされます。

コヘレトの中で最もよく知られている「すべてに時がある」（第3章1節）も、時を超えて、普遍的な光を放ちます。神はすべてに時を定め、永遠を人間の心に与えてくださるけれども、人間はそれを見極めることができず、つかもうと思っても、砂のように指の間からこぼれ落ちます。時計では計れない時間（カイロス）というものがあります。コヘレトが詩文で語るとおり、生まれるに時があり、死ぬに時があります。自らの力では抗えず、逃れることができない「時」があります。「すべてに時がある」は、コヘレトが繰り返す「すべては束の間」と響き合って、私たちに共感を与えます。

第4章

見よ、虐げられる人の涙を

また、わたしは振り返った。太陽の下で行われるあらゆる虐げを。見よ、虐げられる者たちの涙を。彼らには慰める者がいない。彼らを虐げる者たちの手には力がある。彼らには慰める者がいない。わたしはすでに死んだ人たちを称賛しよう。今なお生きている人たちよりも。

いや、その両者より良いことは、まだいない人たちだ。彼らは太陽の下で行われる悪しき業を見ることはないからだ。

また、わたしはあらゆる労苦とあらゆる才覚ある業を見た。そうだ、それは仲間に対する妬みである。これもまた束の間であり、風を追うことである。
愚者は自分の手を抱擁し、自分の肉を食べる。
片手を安らぎで満たすほうが良い。両手を労苦で満たして風を追うことよりも。
また、わたしは振り返った。太陽の下で束の間を。
一人の男がいた。孤独で、息子も兄弟もない。
彼のあらゆる労苦は終わりがない。彼の目も富で満足しない。
「誰のためにわたしは労苦して、わたし自身の幸いを犠牲にしなければならないのか」
これもまた束の間であり、つらい務めだ。

〈新共同訳〉


わたしは改めて、太陽の下《もと》に行われる虐げのすべてを見た。

見よ、虐げられる人の涙を。

　彼らを慰める者はない。

見よ、虐げる者の手にある力を。

　彼らを慰める者はない。

既に死んだ人を、幸いだと言おう。更に生きて行かなければならない人よりは幸いだ。いや、その両者よりも幸福なのは、生まれて来なかった者だ。太陽の下《もと》に起こる悪い業《わざ》を見ていないのだから。


　人間が才知を尽くして労苦するのは、仲間に対して競争心を燃やしているからだということも分かった。これまた空しく、風を追うようなことだ。

愚か者は手をつかねてその身を食いつぶす。
片手を満たして、憩いを得《え》るのは
両手を満たして、なお労苦するよりも良い。
それは風を追うようなことだ。

わたしは改めて
太陽の下《もと》に空しいことがあるのを見た。
ひとりの男があった。友も息子も兄弟もない。
際限もなく労苦し、彼の目は富に飽くことがない。
「自分の魂に快いものを欠いてまで
誰のために労苦するのか」と思いもしない。
これまた空しく、不幸なことだ。

解説

これまでコヘレトはソロモン王に身を託して語り、「時」について語りましたが、第４章から徹底して社会批判を展開します。痛烈な、実にラディカルな社会批判です。太陽の下で、今、いったい何が起こっているのか。**コヘレトが見つめるのは「虐げられる人の涙」です。**虐げる人が力で人々を虐げ、ねじ伏せています。虐げられる者たちは無力です。何の抵抗もできません。ただ虐げられ、ねじ伏せられ、立ち上がるすべもありません。誰が彼らの涙を拭うことができるでしょうか。

非情な社会の現実があります。しかし、そこに、コヘレトの優しい眼差しがあります。コヘレトは彼らの涙を知っているのです。

コヘレトの時代は現代と似ています。それは格差社会だからです。富める人はさらに富を増し、貧しい人は貧しいまま、負のスパイラルから抜け出せずに喘いでいます。負け組はただ涙するだけです。

コヘレトはこれを見て、「すでに死んだ人を称賛しよう」と言います。生きていても望みはなく、生まれてこなかった人こそ幸いではないか、と絶望的な言葉を吐いているかに読めます。

けれども、間違ってはなりません。コヘレトは自死によってこの世から離脱しなさいと説いているのではないのです。そういう現世否定をコヘレトはしません。そのことは、この書を最後まで読むとよくわかります。

さらに、コヘレトは社会の現実を見つめます。労働の動機が「仲間に対する妬みである」とは驚きです。現代と同じ競争社会です。相手を蹴落とさなければ生き残れないという競争原理があったようです。あいつには負けたくないという動機で仕事をするのは、まさしく不幸なことです。

最後の逸話はまた強烈です。「一人の男」とは、富を得ることだけが関心事で、友人も家族も眼中にない孤独な人です。得た富で満足できず、ただ労苦して働き続け、何のために、誰のために働くのかと考えることすらしない。これはワーカホリック（仕事中毒）の悲惨です。身につまされます。コヘレトが活論するとおり、それは「風を追うこと」です。

コヘレトは「片手を安らぎで満たす」ことを選びます。それは、**今あるもので満足する生き方です**。これは、箴言[5]第30章8節の格言を思い起こさせます。「貧しくもせず、金持ちにもせず　わたしのために定められたパンでわたしを養ってください」

5――箴言
旧約聖書の知恵文学の一つで、格言の書とも呼ばれます。ソロモンが書いたとされます。この世でどう生きるか、そのための処世術や日常生活の教訓が並べられています。

一人より二人が良い。共に労苦すれば、彼らに良い報いがある。
そうだ、たとえ倒れても、一人がその仲間を起こす。
倒れても起こしてくれる友がいない人は不幸だ。
さらに、もし二人で寝れば暖まれる。
一人ならばどうして暖まれるだろうか。
たとえ一人が襲われても、二人でこれに立ち向かう。
三つ撚《よ》りの糸はたやすくは切れない。
貧しく知恵ある若者のほうが、もはや忠告を聞き入れない老齢の愚かな王よりも良い。
そうだ、彼はその王国に貧しく生まれたが、獄から出て王となった。
わたしは太陽の下で歩む命ある者すべてが、彼の後に立つ別の若者を
支持するのを見た。
あらゆる民に終りはない。
彼らの前にいるすべての者を、後の人々も喜ばない。
これもまた束の間であり、風を追い求めることである。
神殿に行くように、あなたの足を守れ。
愚者たちは犠牲を捧げるよりも、聞き従うために近づく。
そうだ、彼らは悪を行っていることを知らない。

〈新共同訳〉

ひとりよりもふたりが良い。
共に労苦すれば、その報いは良い。
倒れれば、ひとりがその友を助け起こす。
倒れても起こしてくれる友のない人は不幸だ。
更に、ふたりで寝れば暖かいが
ひとりでどうして暖まれようか。
ひとりが攻められれば、ふたりでこれに対する。
三つよりの糸は切れにくい。

貧しくても利口な少年の方が
老いて愚かになり
忠告を入れなくなった王よりも良い。

捕われの身分に生まれても王になる者があり
王家に生まれながら、卑しくなる者がある。
太陽の下《もと》、命あるもの皆が
代わって立ったこの少年に味方するのをわたしは見た。
民は限りなく続く。
先立つ代《よ》にも、また後に来る代にも
この少年について喜び祝う者はない。
これまた空しく、風を追うようなことだ。

神殿に通う足を慎むがよい。
悪いことをしても自覚しないような愚か者は
供え物をするよりも、聞き従う方がよい。

解説

「一人より二人が良い」は、よく結婚式で紹介される有名な言葉です。社会の悲惨や非情を嘆く悲観主義者の言葉ではありません。コヘレトは、ここでは、共に生きることのすばらしさ、連帯することの必要を説きます。人は一人では生きられない、という共生の尊さを教えてくれます。

しかし、これが結婚への誘いを指すかどうかは別です。コヘレトは一人よりは二人を、二人よりは三人を、というように、コミュニティーの形成を考え、それを勧めているようです。

「一人が襲われても、二人でこれに立ち向かう」とは、戦乱が続く、不安定な時代が背景にあるでしょう。共に戦う仲間を得る必要が説かれているように思われます。「一人ならばどうして暖まれるだろうか」は、兵士たちが寒さをしのぐため身を寄せ合うことが意図されているかもしれません。いずれにしても、共生、連帯の大切さをコヘレトが考えていることは確かです。

コヘレトは孤独で偏屈な思想家ではありません。人生を儚むだけの悲観主義者でもありません。コヘレトは鋭い社会批判を展開し、孤独な仕事依存者を揶揄《やゆ》しつつ、共に生きる共同体の形成を真剣に考えています。心を閉ざして他者を排除する生き方ではなく、一緒にコミュニティーを作ろうと提案しているのです。**コヘレトという名がヘブライ語で「集める人」を意味するのは偶然ではありません。**

続く「貧しく知恵ある若者」とは、コヘレトの時代の社会的・政治的な状況から説明できます。この時代、イスラエルは主権を持たず、ギリシャのセレウコス王朝[6]によって統治され、その支配を覆そうとする闘争が各地で起こりました。「知恵ある若者」が民衆の指導者として支持を集めたようです。そのような社会の混乱の中で、人々の心の拠りどころであるエルサレム神殿[7]も深刻な影響を受けました。

6――セレウコス王朝

紀元前4世紀以降のヘレニズム時代、エジプトのレマイオス王朝と共にユダヤ地方の覇権を争ったシリアの王朝。紀元前198年以降、ユダヤ地方はこのセレウコス王朝が支配しました。

7――エルサレム神殿

エルサレムに建立された神殿。イスラエルの民の魂の拠り所でした。最初はソロモン王によって建てられましたが、バビロニアによって破壊され失われます。捕囚後に再建されましたが（第二神殿）、紀元70年にローマ軍によって破壊され、現在に至っています。

第5章

小さな幸いこそ日々の賜物

神の前で言葉を出そうと、口を急がせず、また、心をせかせるな。
そうだ、神は天に在《いま》し、あなたは地上にいる。
それゆえに、あなたの言葉を少なくせよ。
そうだ、務めが多ければ夢を見る。言葉が多ければ愚者の声。
神に誓願する場合には、それを果たすのを遅らせるな。
あなたが誓願して果たさないよりは、誓願しないほうが良い。
あなたは口を開いてあなたの肉に罪を犯させないようにせよ。
使者の前で「あれは誤りだった」と言ってはならない。

どうして神があなたの声に怒って、あなたの手の業を滅ぼして
良かろうか。
そうだ、夢が多ければ束の間であり、言葉が多くなる。
そうだ、あなたは神を畏れよ。

〈新共同訳〉

焦って口を開き、心せいて
神の前に言葉を出そうとするな。
神は天にいまし、あなたは地上にいる。
言葉数を少なくせよ。
夢を見るのは悩みごとが多いから。
愚者の声と知れるのは口数が多いから。
神に願《がん》をかけたら
誓いを果たすのを遅らせてはならない。

愚か者は神に喜ばれない。
願をかけたら、誓いを果たせ。
願をかけておきながら誓いを果たさないなら
願をかけないほうがよい。
口が身を滅ぼすことにならないように。
使者に「あれは間違いでした」などと言うな。
神はその声を聞いて怒り
あなたの手の業《わざ》を滅ぼされるであろう。
夢や空想が多いと饒舌になる。
神を畏れ敬え。

解説

神殿での振る舞いについて記されますが、前章最後の節からの続きです。神殿が出てくるのはちょっと意外ですが、コヘレトは神殿礼拝を大事に考えています。エルサレム神殿はイスラエルの民の心の拠り所であり、アイデンティティーに関係します。神殿では厳かに祭儀が行われますが、それをきちんと守ることが勧められます。「使者」とは祭司を指しているようです。その使者に対して誠実に礼儀を尽くすことが求められます。

コヘレトという人は神など信じない無神論者ではありません。ここでは宗教的な心得が説かれます。この時代背景には、神殿礼拝を拒否する人たちの存在があります。そういう人々をコヘレトは非難します。

「神は天に在し、あなたは地上にいる」とは面白い言い方です。**神を信じることは、神のいる天国に身を置いて幻視体験に浸るのではなく、徹底して**

現世を生きるということです。「あなたは地上にいる」とはそういう意味です。
コヘレトは現世的に考え抜く、リアリストです。しかし、それは神を畏れ、
神殿での義務をきちんと果たす宗教性を退けません。

この州で貧しい者が虐げられ、公正と正義が蹂躙されるのをあなたが見ても、このことに驚くな。なぜならば、より身分の高い高官が高官を守り、彼らの上にはさらに身分の高い高官がいるのだから。

何よりも国の益となるのは、王自ら農地に仕えることである。

銀を愛する者は銀に満足することがない。また、財産を愛する者は誰でも収益に満足することがない。これも束の間である。

富が多くなると、それを食べる者たちも多くなる。

その所有者は、目で眺める以外にどんな得があるか。

少なく食べようが、たらふく食べようが、働く者の眠りは快い。

富者は食べ飽きても安らかには眠れない。

ひどい不幸がある。太陽の下でわたしはそれを見た。

富を確保したのに、所有者は不幸となるのだ。

その富は、つらい務めによって失われる。息子が生まれても、彼の手には何も残らない。

母の胎《たい》から出た時のように、来た時と同様、人は裸で戻って行く。

彼が労苦しても、手に携えていくものは何もない。

これもまたひどい不幸である。

人は来た時とまったく同じように去って行く。人には何の益があるか。

それは風を追って労苦することだ。
人は一生の間、闇の中で食べる。憂いははなはだしい。病と怒りも。

〈新共同訳〉

貧しい人が虐げられていることや、不正な裁き、正義の欠如などがこの国にあるのを見ても、驚くな。
なぜなら
身分の高い者が、身分の高い者をかばい
更に身分の高い者が両者をかばうのだから。
何にもまして国にとって益となるのは
王が耕地を大切にすること。

銀を愛する者は銀に飽くことなく
富を愛する者は収益に満足しない。
これまた空しいことだ。
財産が増せば、それを食らう者も増す。
持ち主は眺めているばかりで、何の得もない。

働く者の眠りは快い
満腹していても、飢えていても。
金持ちは食べ飽きていて眠れない。
太陽の下《もと》に、大きな不幸があるのを見た。
富の管理が悪くて持ち主が損をしている。
下手に使ってその富を失い
息子が生まれても、彼の手には何もない。
人は、裸で母の胎を出たように、裸で帰る。
来た時の姿で、行くのだ。
労苦の結果を何ひとつ持って行くわけではない。
これまた、大いに不幸なことだ。
来た時と同じように、行かざるをえない。
風を追って労苦して、何になろうか。
その一生の間、食べることさえ闇の中。
悩み、患い、怒りは尽きない。

解説

強烈な社会批判です。貧しい者たちが虐げられ、正義と公正がねじ伏せられています。しかも、それを見ても驚くな、と釘を刺すのですから。この社会批判は第4章1－13節とよく似ています。「州」とはペルシャ帝国の属州を指します。コヘレトの時代はそれ以降です。ユダヤの地はギリシャの支配下にありました。**権力の座に就く者たちにヒエラルキーがあり、腐敗や汚職が組織ぐるみで行われていたようです。現代にも当てはまる社会の現実をコヘレトは見つめています。**

守銭奴に対する痛烈な皮肉も記されます。「財産を愛する者は誰でも収益に満足することがない」は、まさに普遍的な言説です。「国の益となるのは、王自ら農地に仕えることである」は、コヘレトが発する支配者への政治的なメッセージです。平和への願いが込められているようです。

社会批判が説かれる中で、コヘレトは働く労働者に、「働く者の眠りは快い」と温かい眼差しを向けています。「母の胎から出た時のように……人は裸で戻って行く」はヨブ記[8]第1章21節とよく似ています。「わたしは裸で母の胎を出た。裸でそこに帰ろう」という有名な言葉です。人間の死に行く運命がリアルに語られます。コヘレトは社会と人間の本質を冷静に見つめるリアリストです。

おしまいの言葉「人は一生の間、闇の中で食べる」は意味深長な言葉です。人生が労苦の連続であることを暗示します。「憂い」「病」「怒り」と続きますが、現実の労苦を表現するコヘレトの言葉に誰もが共感せざるを得ません。2000年以上昔の古代イスラエルで、このように社会と人間を深く、鋭く見つめる言葉が発せられているのは実に驚きです。

8——**ヨブ記**
旧約聖書の知恵文学の一つ。義人ヨブが書いたとされ、ヨブが経験した不条理と苦悩が綴られています。

第5章17−19節　太陽の下での虚《むな》しさ、その結論

見よ、わたしが幸いと見るのは、神が彼に与えたその短い人生で、心地よく食べて飲み、また太陽の下で労苦するすべての労苦において幸いを見ることだ。これこそが人の分け前である。

神が富と宝を与えるすべての人に、それから食べ、その分け前を手にし、その労苦を楽しむように、神が力を与えたのだ。それは神の賜物である。

そうだ、彼は人生の日々をあまり思い返すことはない。その心の喜びに労苦をもたらしたのは神だから。

〈新共同訳〉

見よ、わたしの見たことはこうだ。神に与えられた短い人生の日々に、飲み食いし、太陽の下《もと》で労苦した結果のすべてに満足することこそ、幸福で良いことだ。それが人の受けるべき分だ。神から富や財宝をいただいた人は皆、それを享受し、自らの分をわきまえ、その労苦の結果を楽しむように定められている。これは神の賜物なのだ。彼はその人生の日々をあまり思い返すこともない。神がその心に喜びを与えられるのだから。

解説

これは、太陽の下での虐げ、つまりコヘレトの社会批判の結論です。第4章から、強烈な社会批判が語られてきましたが、その結論としてコヘレトが語るのは、悲観的で否定的なものではありません。生きていても意味がないかに見えるほど、人生の労苦と絶望的な社会の現実が語られながら、コヘレトが提示する結論は、極めて肯定的で、また宗教的だと言えます。

人生は「束の間」です。あと残る時間は少ない。けれども、いや、だからこそ、「飲み食いすること」「労働の結果に満足すること」が幸せだと言うのです。襟を正される、実に崇高な結論ではないでしょうか。すでに言及したように、「飲み食い」とは食事のことです。日毎の食事は、日常の小さな出来事に過ぎません。毎日の食事を幸せだと感じることはないでしょう。

しかし、人生が「束の間」であることを知る時、食事は最高の喜びになります。明日はないかもしれない人にとって、今日の食事は人生最後の喜びになります。「飲み食い」は文字どおり、日常茶飯事です。けれども、「束の間の人生」において、それは幸福になるのです。まさに逆説です。人生の短さにおいて、価値は逆転します。

労働もそうです。コヘレトは「仲間への嫉妬」で働く労働者の現実を批判しました。今日一日、労働する。労働は普段は喜びにはなりません。けれども、明日は生きられないかもしれない人にとって、今日一日、汗をかいて労働し、仕事を終えて、夕べの食卓に着く時。ああ、一日、仕事をした、という充足感で幸せを感じるでしょう。労苦することは「苦しい」ことではありません。コヘレトは労苦において、人生そのものを考えています。**「人生は束の間」であることを知る時、太陽の下で労苦したことは喜びになり、満足となります。**これも逆説ですが、普遍的真理ではないでしょうか。

それだけではありません。コヘレトはこのような幸いを「神の賜物」だと言います。「分け前」とは、神から分け与えられたものです。コヘレトが「飲み食い」や「労苦」を「神の賜物」と言う時、そこには宗教的な意味があります。人間は神によって造られた者で、神から命を与えられています。人生はまさしく「神の賜物」です。それは、私たちの人生が「束の間」である時に、明らかにされるのです。

第6章

たとえ千年を二度生きても、幸いを見ることはない

第6章1－6節　太陽の下での不幸①

太陽の下、わたしが見た不幸がある。それは人に重くのしかかっている。神が人に富と宝と栄誉を与え、彼の魂には、望むものは何一つ欠けることがなかった。けれども、神はそれを享受する力を彼には与えず、他の人がそれを享受している。これは束の間であり、不幸なことである。もし、ある人が百人の子どもを得て、多くの年を生きたとする。その人生の年月は豊かであったのに、彼の魂は良いものに満足せず、また彼には墓もなかった。それよりは死産の子のほうが良かった、とわたしは言う。

そうだ、彼は束の間に来て、闇の中を歩み、その名は闇に覆われる。

太陽を見ることも、知ることもないが、この子のほうが安らかである。たとえ千年を二度生きても、彼は幸いを見ることはない。みな一つの場所に行くではないか。

〈新共同訳〉

太陽の下《もと》に、次のような不幸があって、人間を大きく支配しているのをわたしは見た。ある人に神は富、財宝、名誉を与え、この人の望むところは何ひとつ欠けていなかった。しかし神は、彼がそれを自ら享受することを許されなかったので、他人がそれを得《え》ることになった。これまた空しく、大いに不幸なことだ。

人が百人の子を持ち、長寿を全うしたとする。

しかし、長生きしながら、財産に満足もせず死んで葬儀もしてもらえなかったなら流産の子の方が幸運だとわたしは言おう。その子は空しく生まれ、闇の中に去りその名は闇に隠される。太陽の光を見ることも知ることもない。しかし、その子の方が安らかだ。たとえ、千年の長寿を二度繰り返したとしても、幸福でなかったなら、何《なに》になろう。すべてのものは同じひとつの所に行くのだから。

解説

この第6章から第8章まで、「太陽の下での不幸」について記されます。第4章および5章の「太陽の下での虐げ」に対応する内容です。ここでも辛辣な社会批判が展開されます。

まず不幸だと指摘されるのは、財産を手放してしまう人がいることです。神から与えられた財産を手放し、代わりに他者がそれを得る。これは「束の間であり、不幸なことである」とコヘレトは言います。

財産を手放すのは我欲のない立派な人だと思われます。しかし、旧約聖書では財産を得るということは神からの賜物であり、祝福のしるしです。財産を所有すること自体、旧約聖書では肯定され、富を蔑視する考え方はありません。それを享受せず、手放すことは大いに不幸なことだとコヘレトは見ているのです。

実は、このように振る舞う人たちが紀元前2世紀に、イスラエル社会に現れたようです。それは黙示思想的な集団です。彼らは現世を否定的に考え、来世に希望を置く特徴があります。富を手放し、持ち物を共有する制度を有しました。そして第5章で言及されているように、神殿祭儀から離脱して、独自の共同体を形成しました。イスラエルの伝統的な規範や思想をなし崩しにするこの黙示的集団をコヘレトは批判します。

続く「死産の子のほうが良かった」という言葉には驚かされます。耳を疑うような言葉ですが、第4章でもコヘレトは同じことを語りました。ここだけ読むと、生きることには意味がないと断言しているかのようです。けれども、そういう意味ではありません。それならば、どうして生を否定するような物言いをするのでしょうか。それは、黙示思想があこがれる「死後の永遠の生命」に対して、コヘレトは辛辣な皮肉の言葉を浴びせているのだと考えられます。二千年も長生きしながら満足しないという生き方は、富も財産も否定し、現世を享受しない黙示思想に立つ人々を指しています。

ここでの「満足もせず」は、第1章8節の「満たされない」と同じ意味です。ソロモンの虚構という主題ともつながります。ソロモンもあらゆる知恵と財産と名誉を手にしながら、満足しなかった王でした。**長生きしても幸福を味わえない人生なら意味はないではないか。「死産の子のほうが良かった」は、現世否定に対するコヘレトの強烈な皮肉なのです。**

第6章7―12節　太陽の下での不幸②

人の労苦はすべて口による。けれども、魂は満たされない。そうだ、賢者には愚者に勝る何の益があるか。貧しい人はどうして人生の歩みを知るか。

目が見ることは魂が過ぎ去るよりも良い。これもまた束の間であり、風を追うことである。

すでに存在するものは名で呼ばれる。それが人間だということも知られている。彼は自分より強い者を訴えることはできない。

言葉が多ければ、束の間も増す。それが人には何の益になるか。

そうだ、束の間の人生の日々において何が人にとって良いかを誰が知るだろうか。彼はその人生を影のように過ごす。太陽の下、その後に何が起こるかを誰が人に告げることができようか。

〈新共同訳〉

人の労苦はすべて口のためだが
それでも食欲は満たされない。
賢者は愚者にまさる益を得ようか。
人生の歩き方を知っていることが
　貧しい人に何かの益となろうか。
欲望が行きすぎるよりも
　目の前に見えているものが良い。
これまた空しく、風を追うようなことだ。

これまでに存在したものは
　すべて、名前を与えられている。

人間とは何ものなのかも知られている。

自分より強いものを訴えることはできない。

言葉が多ければ空しさも増すものだ。

人間にとって、それが何になろう。

　短く空しい人生の日々を、影のように過ごす人間にとって、幸福とは何かを誰が知ろう。人間、その一生の後はどうなるのかを教えてくれるものは、太陽の下《もと》にはいない。

解説

難解でさっぱり意味がわからないと思うかもしれません。謎めいた内容ですが、直前の第6章6節にある「みな一つの場所に行くではないか」から読み解くことができます。賢者も愚者も同じ一つの所に行きます。それは死を意味します。しかし、コヘレトは来世ではなく、今を生きることに価値を置き、人生に満足すべきだと言うのです。

「目が見ることは魂が過ぎ去るよりも良い」はちょっと難解ですが、「目が見ること」とは生きること、「魂が過ぎ去る」とは死ぬことを表現しています。要するに、**死ぬことより生きることに意味があるのだ、とコヘレトは考えるのです**。「自分より強い者を訴えることはできない」も、死を超えることはできないというコヘレトの判断です。

「すでに存在するものは名で呼ばれる」は、コヘレトが将来について疑念を示し、過去の知識に価値を置いていることを示しています。人間の存在は過去において意味があるということは、未来が不確かであって、それゆえに過去こそが確かなものとして存在するということです。これは、コヘレトの終末批判の表現です。

この章の最後、「太陽の下、その後に何が起こるかを誰が人に告げることができようか」は、コヘレトの言葉ではとても重要な表現です。「その後に」とは象徴的に死後を指しています。死後に何があるかを人は知り得ないのです。このようなコヘレトの結論を悲観主義者の絶望と見るでしょうか。確かに、新約聖書にあるような復活信仰から評価すれば、コヘレトの結論に違和感を抱く人がいるかもしれません。

けれども、コヘレトによれば、終りとは人間の死にほかならず、歴史の終末は存在しません。今、生きていることに意味があります。旧約聖書の知者コヘレトには、死によって限界づけられた生こそが神からの賜物です。この段落には、「束の間」（空しさ）が三度も出てきますが、死から逆算された人生の「束の間」をコヘレトは見つめています。生きることは、神に生かされることです。**死という終りがあるからこそ、人生には意味がある。**このように生を無条件に肯定するのがコヘレトの人生観です。とても冷めた、リアリストの人生観ですが、現代人の心にストレートに伝わるのではないでしょうか。

Column 2

コヘレトの時代も先が見えなかった
社会状況が酷似していた格差社会の実態

コヘレトの時代は、私たちの時代と共通点があります。それはまず、先の見えない、時代の転換期であったということです。この時代は、ユダヤ社会の支配権がセレウコス王朝（103ページ参照）からユダヤ人の軍事指導者へと移行する転換期であり、軍事紛争があちこちで勃発していました。混迷する不安な時代であり、終末を説く黙示思想が不安を煽りました。「殺す時」「破壊する時」「石を投げる時」（石とは武器のこと）「戦いの時」「平和の時」（以上は第3章「時の詩文」から）、そして「戦争から解放されることはなく」（第8章8節）というコヘレトの言葉に、時代状況が滲み出ています。「地にどのような不幸が起こるか、あなたは知らないからである」（第11章2節）は、先行き不透明というコヘレトの認識を示しています。

こういう時代状況が現代との接点に気づかせてくれます。世界ではあちこちで軍事紛争が勃発し、それが燎原の火のように全世界に広がりそうな不安があります。終末を煽る風潮といえば、ノストラダムスの大予言、また世界大戦争（ハルマゲドン）を叫んで猛毒による破壊活動を行ったオウム真理教の事件を思い出させます。

コヘレトの時代のリアルな社会状況も見逃せません。「貧しい者が虐げられ、公正と正義が蹂躙されるのをあなたが見ても、このことに驚くな」（第5章7節）は、この時代の格差社会の弊害をコヘレトが見つめているのです。「より身分の高い高官が高官を守り、彼らの上にはさらに身分の高い高官がいるのだから」（同）は腐敗した官僚政治への強烈な批判です。「一人の男がいた。孤独で、息子も兄弟もない。彼のあらゆる労苦は終わりがない。彼の目も富で満足しない」（第4章8節）は、富を手に入れるためだけに働く企業人の姿に似ています。何のために働くのか、考えるいとますらない人間をコヘレトは冷笑しています。さらにこんな警告も記されています。「寝室で富者を呪ってはならない。そうだ、空の鳥がその声を運び、翼の主人がその言葉を告知する」（第10章20節）。コヘレトの時代は密告を奨励する監視社会であったことをほのめかします。「翼あるもの」はドローンを連想させます。現代の私たちの社会的現実とずいぶん共通するものがコヘレトの言葉に読み取れるように思います。

コヘレトの現実認識には、しかし、優しい眼差しがあります。「片手を安らぎで満たすほうが良い。両手を労苦で満たして風を追うことよりも」（第4章6節）は、すべてを手に入れるより、半分で満足する生き方を勧めています。「分け前を七つか八つに分けよ」（第11章2節）は分かち合いの奨励です。時代に翻弄される中で、コヘレトのしなやかな生き方に共感させられます。

そうだ、すべての出来事には時と秩序があり、
人間の不幸は彼の上に大きい。
何が起こるかを知る者は一人もいない。そうだ、何が
起こるかを誰がその人に告知できるだろうか。
息を支配し、息を止める人はいない。また、死の日を
支配できる人はいない。戦争から解放されることはな
く、不義はその首領を救わない。

第8章6―8節　「黙示批判③」より

そこで、わたしは喜びを賛美する。太陽の下で食べ、飲み、楽しむこと以上に人に幸いはない。
これは、太陽の下で神が与える人生の日々の労苦において、その人に伴う。
わたしは知恵を知るために心を傾け、地上で行われる務めを見ようとした。そうだ、昼も
夜も、見ようと目には眠りがなかった。
わたしは神のすべての業を見た。そうだ、太陽の下で行われる業を人は見極められない。
人が探求しようと努めても、見極められない。たとえ知者が知っていると言ったとしても、
彼も見極めることはできない。

第8章15–17節「太陽の下での不幸、その結論」より

さあ、あなたのパンを喜んで食べよ。

あなたの葡萄酒を心地よく飲め。

そうだ、神はあなたの業をすでに受け入れた。

いつでもあなたの衣を純白にせよ。

あなたの頭には香油を絶やさないように。

あなたの束の間の人生すべての日々、愛する妻と共に人生を見よ。

それは、あなたの束の間の日々すべてに、太陽の下で彼（神）があなたに与えたものである。

そうだ、それは人生において、太陽の下で労苦するあなたの労苦において、あなたの分け前なのだ。

あなたの手が見いだすすべてについて、あなたは力を尽くして行え。

そうだ、あなたが行こうとしている陰府には、業も戦略もなければ、知識も知恵もない。

第9章7–10節　「対話」より

「あなたの王が若者で、君侯たちが朝から食している地よ、あなたは災いである。あなたの王が高貴な生まれで、君侯たちが力を有し、飲むためではなく、ふさわしい時に食する地よ、あなたは幸いである」

怠慢によって屋根は落ち、手を抜くと家は雨漏りする。

食事を作るのは笑うため、葡萄酒は人生を楽しませる。また銀はすべてに応えてくれる。

心の中ですら王を呪ってはならない。寝室で富者を呪ってはならない。そうだ、空の鳥がその声を運び、翼の主人がその言葉を告知する。

第10章16–20節「時代への提言」より

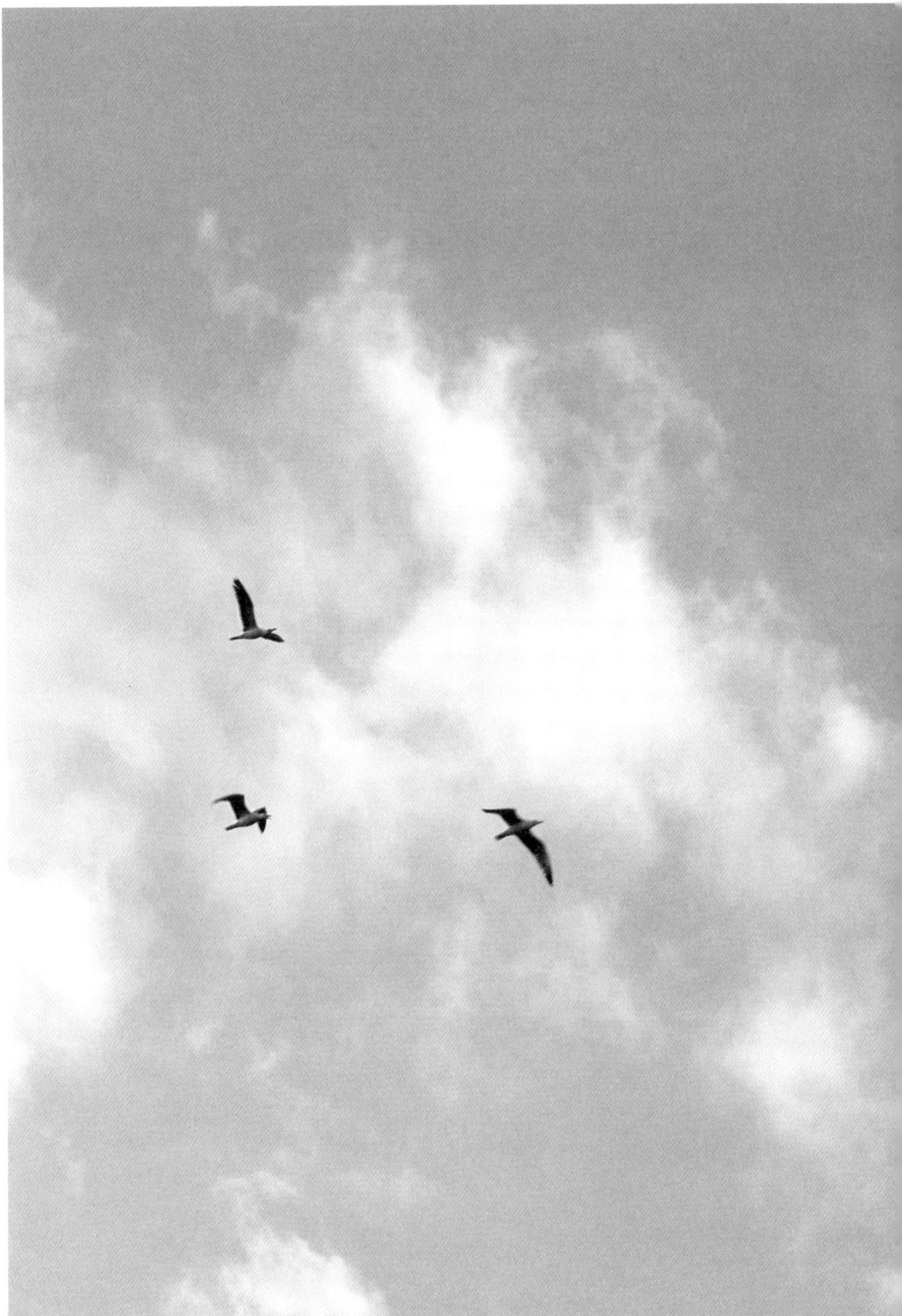

光は快く、太陽を見るのは心地よい。

人が多くの年月を生きるなら、これらすべてを楽しむがよい。

けれども、闇の日々を思い起こせ。そうだ、それらははなはだ多く、すべては束の間にやって来る。

若者よ、あなたの若さを楽しめ。若き日々にあなたの心を快活にせよ。あなたの心の道を、あなたの目に映るとおりに歩め。

けれども、これらすべてにおいて神があなたを支配して導くと知れ。

あなたの心から悩みを取り去り、あなたの体から痛みを取り除け。

若さも青春も束の間だからである。

第11章7–10節「対話」より

若き日々にあなたの創造主を思い起こせ。
不幸な日々がやって来て、「それらにはわたしの楽しみはない」
と言う年齢が近づかないうちに。
太陽が、また光と月と星が闇にならないうちに。

第12章1−2節前半「対話（続）」より

雨の後にまた雲が戻って来る。
その日には、家を守る男たちは震え、
力ある男たちは身を屈める。
粉ひく女たちは少なくなっていなくなり、
窓辺で眺める女たちは暗くなる。
粉ひく音が低くなると、通りの門は閉ざされる。
鳥のさえずりで人は起き上がるが、歌の娘たちは皆うなだれる。
人々は高い場所を恐れ、道には恐怖がある。
アーモンドは花咲き、バッタはよろよろ歩き、アビヨナはしぼむ。
そうだ、人は永遠の家に行き、嘆く者たちは通りを巡る。
ついに、銀の糸は断たれ、金の鉢は砕ける。
泉で壷は割れ、車輪は穴で砕け散る。
塵は元の大地に帰り、息はこれを与えた神に帰る。
ほんの束の間、とコヘレトは言う。すべては束の間である。

第12章2節後半－8節「結末の詩」より

さて、コヘレトは知者であっただけでなく、さらに民に知識を教えた。彼はまた多くの格言を探し、吟味し、整理した。

コヘレトは望ましい言葉を見つけ出そうと努め、真実の言葉を正しく書き留めた。

知者たちの言葉は突き棒や打ち込まれた釘に似ている。集められたものは一人の牧者に由来する。

これらのほかに、わが子よ、心せよ。多くの書物を作っても果てがなく、多くの学びは体を疲れさせる。

言葉の終わり。すべては聞き取られた。神を畏れ、その戒めを守れ。これこそ人間のすべてである。

そうだ、神は良いことであろうと悪であろうと、いっさいの業を支配によって、すべて隠されたものへと導く。

第12章9－14節「後書き」より

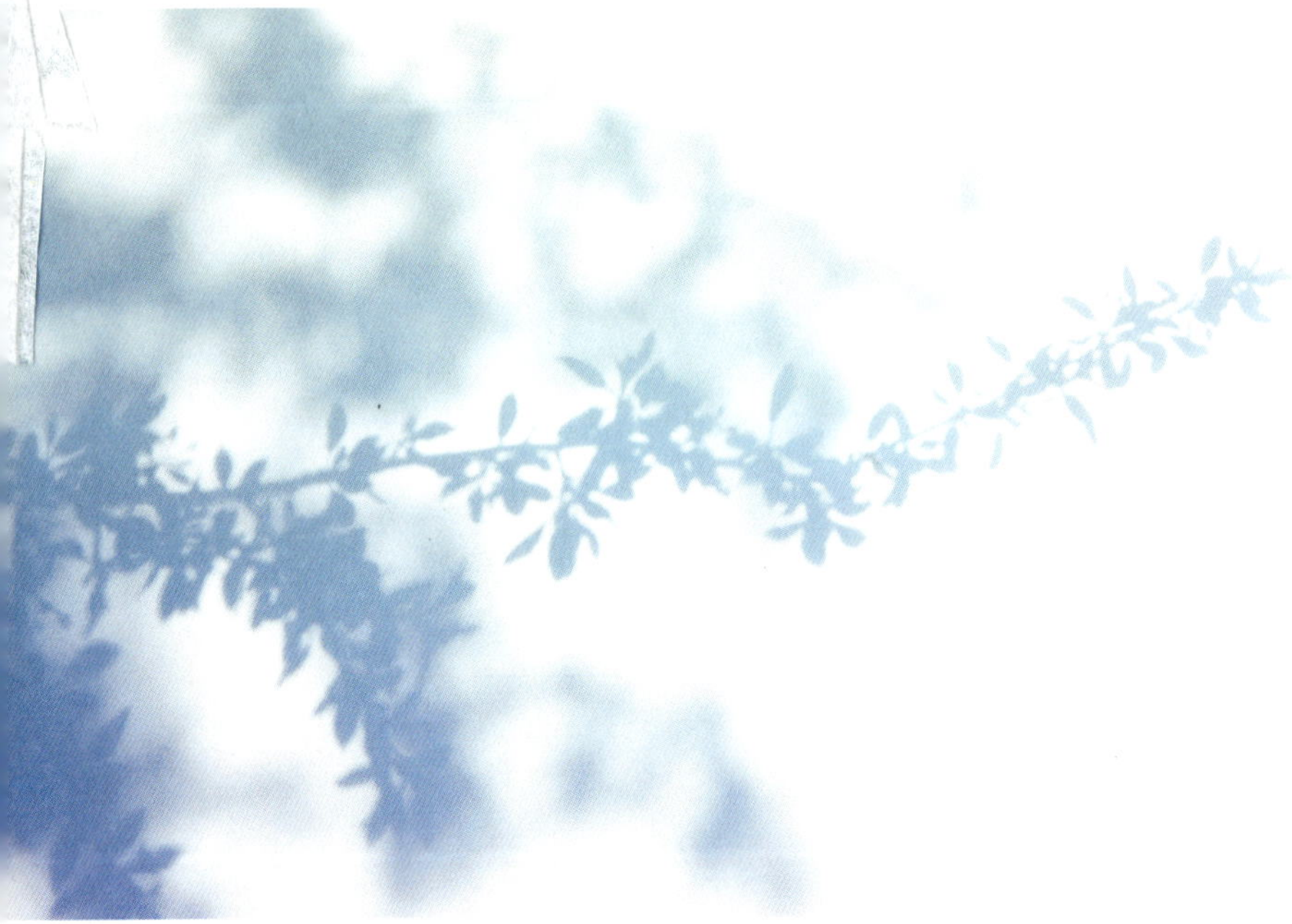

第7章

死の日は誕生の日よりも良い

名声は良質の香油よりも良い。死の日は誕生の日よりも良い。喪の家に行くのは酒宴の家に行くよりも良い。そこには、すべての人間の終りがある。生きる者はそれに心を留める。悩みは笑いよりも良い。そうだ、顔が曇っても、心は晴れる。知者たちの心は喪の家にあり、愚者たちの心は喜びの家にある。知者の叱責を聞くのは愚者たちの歌を聞くよりも良い。そうだ、愚者の笑いは鍋の下で茨がはじける音のようだ。これも束の間である。

そうだ、虐げは知者を愚かにする。贈り物は心を失わせる。

言葉の終りは始まりよりも良い。気が長いのは気位が高いよりも良い。

気持ちにおいて急がず悩んではならない。そうだ、愚者たちの胸に悩みが宿る。

昔の日々が今より良かったのはなぜか、と言ってはならない。それは知恵に基づいた問いではない。

知恵は相続財産と共に良いものである。太陽を見る者たちにとって益となる。

そうだ、知恵の陰は銀の陰。知恵はそれを有する人を生かす、と知ることに益がある。

神の業を見よ。神が曲げたものを誰がまっすぐにできようか。

幸いな日には幸いであれ。不幸な日には見よ。神はあれもこれも同じように造られた。人が後のことを見いださないように。

〈新共同訳〉

名声は香油にまさる。
死ぬ日は生まれる日にまさる。
弔いの家に行くのは
酒宴の家に行くのにまさる。
そこには人皆の終りがある。
命あるものよ、心せよ。
悩みは笑いにまさる。
顔が曇るにつれて心は安らぐ。
賢者の心は弔いの家に
愚者の心は快楽の家に。
賢者の叱責を聞くのは
愚者の賛美を聞くのにまさる。
愚者の笑いは鍋の下にはぜる柴の音。
　これまた空しい。

賢者さえも、虐げられれば狂い
賄賂をもらえば理性を失う。
事の終りは始めにまさる。
気位が高いよりも気が長いのがよい。
気短に怒《いか》るな。
怒りは愚者の胸に宿るもの。
昔の方がよかったのはなぜだろうかと言うな。
それは賢い問いではない。

知恵は遺産に劣らず良いもの。
日の光を見る者の役に立つ。
知恵の陰に宿れば銀の陰に宿る、というが
知っておくがよい
知恵はその持ち主に命を与える、と。
神の御業《みわざ》を見よ。
神が曲げたものを、誰が直しえようか。
順境には楽しめ、逆境にはこう考えよ
人が未来について無知であるようにと
神はこの両者を併せ造られた、と。

解説

格言的な言葉が雑然と並べられています。格言ということで、箴言に似ていますが、「死の日は誕生の日よりも良い」と記されているため、ぎょっとするでしょう。ここだけ読めば、やはり多くの人がそう読んできたように、コヘレトは人生に挫折した虚無主義者[9]だと思えます。けれども、コヘレトには意図があるのです。「死の日は誕生の日よりも良い」とは、生きるよりも死ぬほうが良いという意味ではなく、むしろ人生は死によって終るということを受け止めた言葉です。コヘレトが言わんとするのは、生きる者は死を認識することによって、生きる意味に気づかされるということ。この直前に書かれていたように、もし人が二千年の長寿を約束されたら、生の時間はまったく緩んで、今を生きる意味は消え去ります。人生は死という「終りがある」からこそ、意味があるのです。逆説的ですが、人生は死から意味を与えられている、と言えるのではないでしょうか。

「虐げは知者を愚かにする」もずいぶんラディカルな格言です。これは「賢者さえも、虐げられれば狂う」とも訳せます。虐げという言葉があるので、第４章と第５章の抑圧された社会状況に似ていますが、ここにはそれとは別に、コヘレトの一貫した意図が見えてきます。

「言葉の終りは始まりよりも良い」の「言葉の終り」は事の結末という意味でもあります。ここにコヘレトの歴史観が滲み出ています。歴史は破局に向かうのではない、という歴史観です。コヘレトが批判する論敵は、歴史が終末の滅びに向かうという歴史観を持っています。世の終りは破局の時代であり、その終末に向かって歴史は怒濤の如く流れるという考え方です。これはダニエル書に見られる黙示的歴史観です。

コヘレトはこの黙示的歴史観をひっくり返し、「気が長いのは気位が高いよりも良い」と揶揄します。「昔の日々が今より良かったのはなぜか、と言ってはならない」もそういう意味です。歴史は悪化し終末の破局に向かうという考え方をコヘレトは拒否します。

このようなコヘレトの歴史観は、おしまいの14節にも見られます。「人が後のことを見いださないように」ということは、終末到来の否定にほかなりません。「後のこと」は「終末」とも訳せます。コヘレトは根っからの「終末」嫌い。**歴史に終わりはなく、私という人間の死こそが終わり**であり、その死から人生の意味をきちんと意味づけるのです。

9——虚無主義者
人生をネガティブにしか考えられないニヒリスト。コヘレトがそのような人物としてしばしば説明されます。

第7章15–22節　黙示批判①

わたしの束の間の日々にすべてをわたしは見た。

義ゆえに滅びる義人がおり、悪ゆえに生き永らえる悪人がいる。

あなたの義が多すぎてはならない。あなたは過度に賢すぎてはならない。どうしてあなたが自滅してよかろうか。

あなたは悪すぎてはならない。愚かであってはならない。どうしてあなたの時でないのにあなたが死んで良かろうか。

こちらをつかんでも良い。けれども、あちらからも手を離してはならない。そうだ、神を畏れる者はいずれからも逃れる。

知恵は知者を力づけ、町にいる十人の支配者たちを凌ぐ。

そうだ、この地には、良いことを行って罪を犯さないような義人はいない。

人々が語るすべての言葉にあなたは心を留めてはならない。そうすれば、あなたを呪うあなたの僕《しもべ》に耳を貸すことはないだろう。

そうだ、あなた自身が他人を何度も呪ったことをあなたの心は知っているはずだ。

〈新共同訳〉

この空しい人生の日々に
わたしはすべてを見極めた。
善人がその善のゆえに滅びることもあり
悪人がその悪のゆえに長らえることもある。
善人すぎるな、賢すぎるな
どうして滅びてよかろう。
悪事をすごすな、愚かすぎるな
どうして時も来ないのに死んでよかろう。
一つのことをつかむのはよいが
ほかのことからも手を放してはいけない。

神を畏れ敬えば
どちらをも成し遂げることができる。
知恵は賢者を力づけて
町にいる十人の権力者よりも強くする。
善のみ行って罪を犯さないような人間は
　この地上にはいない。
人の言うことをいちいち気にするな。
そうすれば、僕《しもべ》があなたを呪っても
　聞き流していられる。
あなた自身も何度となく他人を呪ったことを
　あなたの心はよく知っているはずだ。

解説

断片的な格言の羅列です。内容はずいぶんラディカルで、極端です。何しろ義人と悪人の関係が逆転しています。コヘレトはこんなでたらめを書くのか、と思う人がいるでしょう。

「義」と「悪」が対比されていますが、「義」とは律法を忠実に守ることです。「悪」はそれを踏みにじること。「義ゆえに滅びる義人」とは、具体的には義を旗印に神殿共同体を離脱した人々を指しています。初期クムラン集団[10]ですが、この人々は律法を忠実に遵守する敬虔な知者たちで、黙示思想に立つ集団を形成しました。彼らは、自分たちを正当化し、神殿礼拝を批判しました。というのも、大祭司になる資格のない指導者が大祭司に就任したために、彼らはその就任を受け入れず、神殿礼拝を拒否したからです。それは当時のユダヤ社会にとって大問題となりました。「義ゆえに滅びる義人、悪ゆえに生き永らえる悪人」とは、この人々をコヘレトが揶揄したのです。

「義が多すぎてはならない」「過度に賢すぎてはならない」も同様です。この黙示的集団は、律法を忠実に守り、自らを真のイスラエルとみなしました。言い換えると、義が多すぎ賢すぎるゆえに、知者である義人が逆に愚者になりました。コヘレトはその振る舞いを揶揄して、「どうしてあなたが自滅して良かろうか」と語るのです。

「こちらをつかんでも良い。けれども、あちらからも手を離してはならない」は中庸の美徳を示す格言のようですが、むしろ極端な行動によって社会的に逸脱することを戒める言葉です。黙示的集団の祭儀共同体からの離脱はまさしく極端な社会的逸脱でした。コヘレトは冷めた目で社会を見つめる現実主義者であると同時に、バランスの取れた発想をしています。「**人々が語るすべての言葉にあなたは心を留めてはならない」は世間の風評に惑わされるな、ということです**。これもコヘレトの冷静な社会批判です。

「あなた自身が他人を何度も呪った」という言葉は意味が曖昧ですが、「他人」というヘブライ語は、8節の「終わり」、また14節の「後のこと」と語呂合わせで使用されています。「他人」は「終わりの共同体」を自任する黙示的集団を指していると説明できます。そう考えると、断片的な格言の羅列にすぎないような段落ですが、コヘレトが一貫して黙示批判をしていることが読み取れます。

10——初期クムラン集団

紀元前2世紀に死海沿岸のクムランに居住し、共同体を形成した人たちです。この初期の指導者は義の教師と呼ばれます。この集団は強烈な終末思想を持っていました。

これらすべてをわたしは知恵によって吟味した。わたしは言った。「知者になろう」と。けれども、それはわたしから遠かった。すでに存在するものは遠くて、深く、また深い。誰がそれを見いだせるか。

わたし、わが心は知恵と戦略を知り、突きとめ、探求しようとした。そして、悪は愚かで、愚行は狂気であることを知った。

わたしは見いだした。「死よりも苦い女。女は罠、その心は網、その手は枷《かせ》。神の前に良しとされた者が女から免れる。罪人は女に捕えられる」

見よ、これをわたしは見いだした、とコヘレトは言う。一つ一つについて結論を見いだすために。再びわたしの魂は探求したが、わたしは見いだせなかった。「千人の中に一人の男をわたしは見いだしたが、これらすべての中に女を見いださなかった」

けれども、見よ、わたしはこれを見いだした。神は人間を正しく造ったが、彼らは大いなる策略を探求する。

〈新共同訳〉

わたしはこういうことをすべて
　知恵を尽くして試してみた。
賢者でありたいと思ったが
それはわたしから遠いことであった。
存在したことは、はるかに遠く
その深い深いところを誰が見いだせようか。
わたしは熱心に知識を求め
　知恵と結論を追求し
悪は愚行、愚行は狂気であることを
　悟ろうとした。
わたしの見いだしたところでは

死よりも、罠よりも、苦い女がある。
その心は網、その手は枷《かせ》。
神に善人と認められた人は彼女を免れるが
一歩誤れば、そのとりことなる。
見よ、これがわたしの見いだしたところ
　――コヘレトの言葉――
ひとつひとつ調べて見いだした結論。
わたしの魂はなお尋ね求めて見いださなかった。
千人に一人という男はいたが
千人に一人として、良い女は見いださなかった。
ただし見よ、見いだしたことがある。
神は人間をまっすぐに造られたが
人間は複雑な考え方をしたがる、ということ。

解説

何が書いてあるのか、さっぱりわからない解釈困難な箇所です。多くの解釈者が頭を悩ませますが、ここではコヘレトが謎解きを展開していると考えられます。「探求する」「見いだす」という言葉の繰り返しがそれを示唆します。まず、最初の謎かけは、「死よりも苦い女。女は罠、その心は網、その手は枷。神の前に良しとされた者が女から免れる。罪人は女に捕えられる」。この奇妙な謎かけに対して、コヘレトは「千人の中に一人の男をわたしは見いだしたが、これらすべての中に女を見いださなかった」と謎解きをしているのです。

このような「なぞなぞ」は旧約聖書に見られます（たとえば、士師記第14章のサムソン物語）[11]。言葉の多義性、つまり言葉遊びによって巧妙に作られている「なぞなぞ」です。コヘレトについてはどう説明できるでしょうか。

手がかりは「罠」「網」「枷」「千人」です。語が二重の意味を持ち、これらはすべて戦争用語です。「千人」を意味するヘブライ語エレフには、「部隊」の意味もあります。戦争を遂行する「部隊」には女性はいません。皆、男性です。そこで、「死よりも苦い女」に引っかけて、コヘレトは「戦争」という言葉を引き出そうとしているようです。

男は女にとりこにされたら逃れられないように、人は戦争から逃れられないという「なぞなぞ」なのです。これは、次の第8章8節の「戦争から解放されることはなく」を先取りしています。こういう実に巧妙な「なぞなぞ」をコヘレトはやっているのです。

しばしばこの箇所を実例に挙げて、「コヘレトの言葉」は女性蔑視の書だと非難する人がいます。けれども、コヘレトは女性をけっして蔑視してはいません。コヘレトは女性に関する当時の諺を引用して、謎かけをしているにすぎないのです。新共同訳は「千人に一人として、良い女は見いだされなかった」と訳しますが、これだと、女性は男性より倫理的に劣るという意味になってしまいます。しかし、コヘレトは千人（部隊）に女性はいないと述べているにすぎません。
なぜこのような奇妙な「なぞなぞ」をするのでしょうか。それは、すでに示したとおり、黙示思想運動の否定のためだと考えられます。黙示思想は言葉の多義性を用いて、終末の到来を新たな啓示として引き出そうとします。しかし、コヘレトは言葉の多義性を逆手に取り、謎解きによって生の現実をあぶり出します。コヘレトは現実を見つめる冷めたリアリスト[12]なのです。

11――サムソン物語
旧約聖書の士師記にある怪力サムソンの物語。サムソンはイスラエルを外敵から救う士師の一人で、勇者でしたが、デリラとの恋の駆け引きで有名です。

12――リアリスト
現実主義者。ものごとを空想的に考えることをせず、絶えず現実に即し、リアルに実際的に考えて判断する人です。

第8章

太陽の下で不幸は起こる

誰が知者のようであるか。誰が言葉の解釈を知るか。人の知恵はその顔を輝かせ、その顔の力は変容する。

わたし。神との誓いの言葉ゆえに、王の口を守れ。

王の前からあわてて立ち去らず、悪しきことに関わり合うな。彼はすべてを思いどおりにするからだ。

王の言葉には権威がある。何をなさる、と誰が彼に言えようか。

命令を守る者は悪しきことを知らない。しかし、知者の心は時と秩序を知る。

そうだ、すべての出来事には時と秩序があり、人間の不幸は彼の上に大きい。

何が起こるかを知る者は一人もいない。そうだ、何が起こるかを誰がその人に告知できるだろうか。

息を支配し、息を止める人はいない。また、死の日を支配できる人はいない。戦争から解放されることはなく、不義はその首領を救わない。

〈新共同訳〉


「人の知恵は顔に光を添え、固い顔も和らげる。」賢者のように、この言葉の解釈ができるのは誰か。

それは、わたしだ。すなわち、王の言葉を守れ、神に対する誓いと同様に。気短に王の前を立ち去ろうとするな。不快なことに固執するな。王は望むままにふるまうのだから。王の言った言葉が支配する。だれも彼に指図することはできない。命令に従っていれば、不快な目に遭うことはない。賢者はふさわしい時ということを心得ている。何事にもふさわしい時があるものだ。人間には災難のふりかかることが多いが、何事が起こるかを知ることはできない。どのように起こるかも、誰が教えてくれようか。

人は霊を支配できない。

霊を押しとどめることはできない。

死の日を支配することもできない。

戦争を免れる者もない。

悪は悪を行う者を逃れさせはしない。

解説

誰でもここを読むと、何を言っているのか、さっぱり意味がわからないと思うに違いありません。コヘレトはまたしても支離滅裂な議論をしているかのようです。しかし、ここでもまたコヘレトは謎かけをし、自らその謎解きをしていると説明できます。「人の知恵はその顔を輝かせ、その顔の力は変容する」という格言が謎かけで、これについてコヘレトは独自の解釈をします。その結論が、7節の「何が起こるかを知る者は一人もいない。そうだ、何が起こるかを誰がその人に告知できるだろうか」という言葉で表現されているのです。

意外なことですが、ここに出てくる1節の「言葉の解釈」と7節の「何が起こるかを知る」という表現がダニエル書第2章に出てきます。そこでは、知者ダニエルがネブカドネツァル王の見た夢を解釈し、神の秘密を見事に説明します。王が見る夢において、神は「将来何が起こるかを告知する」のです。ダニエル書では、王が見た夢の事柄（言葉）が解釈されて、そこから「将来何が起こるか」という終末の啓示が引き出されます。それは神の秘密であって、それを明らかにすることが知者ダニエルの使命です。ダニエルは神の秘密を悟り、終末がいつ来るかを知ることができるのです。まるで最近の「ノストラダムスの大予言」[13]のように。このようなダニエル書の思想を黙示思想と呼びます。ダニエル書では「言葉の解釈」と「何が起こるかを知る」ことがとても重要なのです。

このようなダニエル書の未来予知が、「コヘレトの言葉」第8章の前提になっているのです。そう考えると、この支離滅裂な段落の意味がほどけてきます。コヘレトはダニエル書において「将来何が起こるかを告知する」と言われていることを強く否定している、と理解することができます。ここでも、コヘレトは黙示思想的運動を拒否しているのです。

ダニエル書では、終末の時がいつ来るかが喫緊の課題です。ダニエル書の黙示思想では終末の時が決定しており、歴史はその破局に向かって奔流のように流れます。それに対して、コヘレトは将来「何が起こるかを知る者は一人もいない」という反論を示しました。

コヘレトが提示する格言の解釈は、「王の口を守れ」とか「王の命令に従え」ということとです。最初に提示された格言から、王に対する恭順をコヘレトは引き出します。コヘレトは秩序や社会倫理を強く意識しています。**終末がいつ来るかは知り得ないのだから、現実をきちんと見据えて、**王の言葉と命令に従いなさいと勧めています。

13――**ノストラダムスの大予言**
ノストラダムスは16世紀フランスの占星術師。世の終わりがいつ、どのように来るかというように、未来について強烈な予告をし、その奇異な予言は20世紀においても社会に影響を与えました。

これらすべてをわたしは見て、太陽の下で起こるすべての業に心を向けた。人が人を支配し、災いを自らに招く時である。こうした中で、悪人たちが近づくのをわたしは見た。彼らは聖なる場所に出入りしていたのに、正しく行っていたことは町で忘れ去られた。これもまた束の間である。

悪しき行いに対して法令が速やかに執行されないため、人の子らの心には悪をなそうとする思いが満ちる。

百度も悪を行いながら、生き永らえる悪人がいる。そうだ、わたしも知っている。神を畏れる人は、神を畏れるからこそ幸いがある。

また、悪人には幸いはない。悪人は神を畏れることがないゆえに、その人生は影のようで、生き永らえることがない。

しかし、地上に起こる束の間がある。悪人の行いにふさわしいことが義人に降りかかり、義人の行いにふさわしいことが悪人に降りかかる。わたしは言う。これも束の間である。

〈新共同訳〉

わたしはこのようなことを見極め、太陽の下《もと》に起こるすべてのことを、熱心に考えた。今は、人間が人間を支配して苦しみをもたらすような時だ。だから、わたしは悪人が葬儀をしてもらうのも、聖なる場所に出入りするのも、また、正しいことをした人が町で忘れ去られているのも見る。これまた、空しい。

悪事に対する条令が速やかに実施されないので人は大胆に悪事をはたらく。

罪を犯し百度も悪事をはたらいている者がなお、長生きしている。
にもかかわらず、わたしには分かっている。
神を畏れる人は、畏れるからこそ幸福になり
悪人は神を畏れないから、長生きできず
影のようなもので、決して幸福にはなれない。
この地上には空しいことが起こる。
善人でありながら
　悪人の業《わざ》の報いを受ける者があり
悪人でありながら
　善人の業《わざ》の報いを受ける者がある。
これまた空しいと、わたしは言う。

解説

この段落は、第6章1－12節に対応し、主題「太陽の下での不幸」を繰り返しています。太陽の下で起こる災いをコヘレトは見つめているのです。内容的には第6章と同じ社会批判なのですが、第7章から第8章にかけて「黙

示批判」をしたことに関連して、コヘレトはユダヤ社会[14]で起こっている「不幸」なことについて批判的に語っているようです。それは、黙示的集団が社会にもたらした影響です。「人が人を支配し、災いを自らに招く時」とは、それを示唆します。

「悪人たちが近づくのをわたしは見た」というのは、悪人たちがこれまで聖なる場所、つまり神殿で礼拝を行っていたということです。けれども、今は彼らがそれを止めている。新共同訳は「悪人たちが近づく」ではなく、「悪人が葬儀をしてもらう」と訳していますが、そう訳すと、意味がわからなくなってしまいます。

「束の間である」は、基本的にコヘレトが人生の短さを表現する意味ですが、ここでは「空しい」という否定的な意味で言われています。コヘレトが繰り返す「束の間である」は両義的です。ここでは、悪人たちの行動をコヘレトは退けています。

いったい「悪人たち」とは誰でしょうか。反社会的行動をとる人たちです。イスラエル社会では律法に従い、神殿祭儀をきちんと守る人が「善人」です。それを遵守しないことは反社会的で、悪しき行為です。そのような「悪人」は、この書では黙示的集団を指しています。

「悪しき行いに対して法令が速やかに執行されない」というのは、この黙示的集団に対して何の咎めもないことを意味します。おそらく、もともと彼らは敬虔な義人、賢者たちであったゆえに、公的に咎められなかった、と考えられます。紀元前2世紀半ばに、神殿共同体から離反したグループがクムランに独自の共同体を造ったことが知られています。エッセネ派◀15の集団だったようです。黙示的集団とはこの人々を指します。神殿離脱は当時のユダヤ社会で由々しい出来事であったに違いありません。コヘレトはこの人々を批判的に見ています。
「百度も悪を行いながら、生き永らえる悪人がいる」とコヘレトは語りますが、黙示的集団を揶揄しているのでしょう。もともと敬虔で、義である人々が神殿祭儀を行わない不敬虔な悪人の行動をしているにもかかわらず、何も咎めを受けず、幸いに生活しているとすれば、まさしく社会秩序の転倒です。それはコヘレトにとって太陽の下での災いと見られました。

14――ユダヤ社会
第二神殿建設から新約聖書の時代までは初期ユダヤ教の時代と言われます。その時代、ユダヤ教徒たちの神殿中心の共同体をユダヤ社会と呼びます。律法に忠実に従うことを規範とした社会です。

15――エッセネ派
旧約聖書の時代の終り紀元前2世紀から、紀元1世紀の新約聖書時代までの間に、ユダヤ社会に存在した宗教的グループ。ファリサイ派、サドカイ派に続く第三の集団です。律法を厳格に守り、復活を信じ、世俗化した神殿祭儀を否定しました。クムラン集団はこのエッセネ派に属します。

そこで、わたしは喜びを賛美する。太陽の下で食べ、飲み、楽しむこと以上に人に幸いはない。これは、太陽の下で神が与える人生の日々の労苦において、その人に伴う。

わたしは知恵を知るために心を傾け、地上で行われる務めを見ようとした。そうだ、昼も夜も、見ようと目には眠りがなかった。

わたしは神のすべての業を見た。そうだ、太陽の下で行われる業を人は見極められない。人が探求しようと努めても、見

極められない。たとえ知者が知っていると言ったとしても、
彼も見極めることはできない。

〈新共同訳〉

それゆえ、わたしは快楽をたたえる。
太陽の下《もと》、人間にとって
飲み食いし、楽しむ以上の幸福はない。
それは、太陽の下《もと》、神が彼に与える人生の
日々の労苦に添えられたものなのだ。
わたしは知恵を深めてこの地上に起こることを見極めようと心を尽くし、昼も夜も眠らずに努め、神のすべての業を観察した。まことに、太陽の下《もと》に起こるすべてのことを悟ることは、人間にはできない。人間がどんなに労苦し追求しても、悟ることはできず、賢者がそれを知ったと言おうとも、彼も悟ってはいない。

「喜びを賛美する」は「快楽をたたえる」と訳すこともできます。けれども、コヘレトは決して享楽主義者[16]ではありません。「食べ、飲み、楽しむこと」は、人生において大切なものであり、神から与えられた賜物とコヘレトは考えます。人生は生きるに値する神の賜物です。これは、死後に価値を置くために、地上の人生を空疎なものにしてしまう黙示思想的運動に対して、コヘレトが強く反論しているのです。死の向こうの彼岸世界に価値を置くと、今を生きる人生の喜びは失せてしまうからです。

第8章7節にありましたが、将来「何が起こるかを知る」ということは、終末到来後の神の国を憧れ、そこに身を置くという思想にほかなりません。ダニエル書がそうであるように、黙示思想では終末到来時は計算可能です。世の終りがいつ来るかが認知できます。その終末時が来るまでは、現在時はただ耐えるだけの通過点にすぎませんから、真剣に現実を担おうとはしなくなります。今を生きることはどうでも良くなり、生きる喜びなどなくなってしまうでしょう。黙示思想的運動がもたらすこのような問題性にコヘレトは異を唱えているのです。コヘレトは反黙示思想です。

「太陽の下で行われる業を人は見極められない」は、神の隠された計画、時の秘密を人は決して知り得ないというコヘレトの確信です。これは、第３章の「時の詩文」でも表現されていました。その結論がきちんとここに記されています。このことは、今を生きる私たちにとって重要です。

現代において神の隠された秘密を知り得ると公言し、黙示思想にはまり込んだのはオウム真理教でした。終末到来が予告され、未来を既知のものにすれば、今という時は空疎なものになってしまい、それに耐え切れず、終末時を早めて今の時を充足したいという熱情に駆られます。サリンを撒くというとんでもない犯罪はそれによく似ています。コヘレトはそのような黙示思想の危うさを見抜いていたのです。

コヘレトは神の秘密は知り得ないと言います。この認識において、現実にきちんと向き合い、それを担う生き方を説きます。それはコヘレトだけではありません。新約聖書でも、イエス・キリストは「その日はいつ来るかはだれも知らない」と言って、終末の予知を退け、地上での責任を忠実に果たすべきだと教えています（マタイ福音書[17]第24章36－51節）。

16――享楽主義者
快楽主義者と言い換えることができます。人生を享楽して生きようとします。コヘレトがこのような人物であったと説明されることがしばしばあります。

17――マタイ福音書
新約聖書にある四つの福音書の一つで、新約聖書の最初になるのがマタイ福音書です。このマタイ福音書は「マタイ」と略されます。

第9章

生きてさえいれば、希望がある

わたしはこれらすべてを心に留めて、これらすべてを吟味した。義人も知者も、彼らの業は神の手の中にある。

愛にせよ憎しみにせよ、彼らの前にあるすべてのことを人は知らない。

すべてのことはすべての人にとって同じであって、
一つの運命が義人にも悪人にも、
清い人にも不浄な人にも、犠牲を捧げる人にも捧げない人にも臨む。

義人と同様に罪人にも、誓いをする人と同様に誓いを畏れる人にも。

太陽の下で行われるすべてにおいて、悪しきことはこれである。

そうだ、一つの運命がすべての人に臨む。

生きている間に、人の子らの心にも悪が満ち、彼らの心に狂気がある。
そして、その後は死者のもとへ行く。
そうだ、誰でもすべて生きる者として選ばれていれば希望がある。
そうだ、生きている犬のほうが死んだ獅子より幸いである。
なぜなら、生きている者は自分が死ぬことを知っているからである。
けれども、死者は何一つ知らず、彼らにはもはや報酬がない。
そうだ、彼らの記憶は忘れ去られる。
彼らの愛も憎しみも、彼らの妬みすらもすでに消え去った。
太陽の下で行われるすべてにおいて、彼らにもはや永遠に分け前はない。

〈新共同訳〉

わたしは心を尽くして次のようなことを明らかにした。すなわち
善人、賢人、そして彼らの働きは
　神の手の中にある。
愛も、憎しみも、人間は知らない。
人間の前にあるすべてのことは何事も同じで
同じひとつのことが善人にも悪人にも良い人にも
清い人にも不浄な人にも
いけにえをささげる人にもささげない人にも臨む。
良い人に起こることが罪を犯す人にも起こり
誓いを立てる人に起こることが
誓いを恐れる人にも起こる。
太陽の下《もと》に起こるすべてのことの中で最も悪いのは、だれにでも同じひとつのことが臨むこと、その上、生きている間、人の心は悪に満ち、思いは狂っていて、その後は死ぬだけだということ。
命あるもののうちに数えられてさえいれば
まだ安心だ。
犬でも、生きていれば、死んだ獅子よりましだ。
生きているものは、少なくとも知っている
　自分はやがて死ぬ、ということを。
しかし、死者はもう何ひとつ知らない。
彼らはもう報いを受けることもなく
彼らの名は忘れられる。
その愛も憎しみも、情熱も、既に消えうせ
太陽の下《もと》に起こることのどれひとつにも
　もう何のかかわりもない。

解説

この段落は、本書の構成上、第3章18－22節と対応し、「死の宿命」という主題について語ります。腰を抜かすほどリアルで強烈な思想ですが、これはコヘレトの独特な主張であって、また本書において一貫しているものです。「生きている間に、人の子らの心にも悪が満ち、彼らの心に狂気がある」とすら言います。コヘレトという人は実にニヒルで、虚無的な言葉を書いているかに読めます。すべての人に臨む「一つの運命」とは、当然のことながら、死を指します。コヘレトは死だけを考えているようです。

しかし、これによってコヘレトを神への信仰を失った異端者だと決めつけるのは間違いです。死ぬことばかり考えているコヘレトにとって人生は意味があるのだろうか、と疑いたくなりますが、「生きている犬のほうが死んだ獅子より幸いである」という言葉が目に留まります。旧約聖書では犬は獅子に比べて、まったく価値のない動物です。その犬でも生きてさえいれば、死んだ獅子より幸いだとコヘレトは言います。これは、いわば「生きてるだけで丸もうけ」ということです（宗教学者の上村静による）。

メメント・モリ（「死を覚えよ」）という中世ヨーロッパの思想があります。死を直視することによって、より良く生きることを知るという逆説的な思想です。生は死と隣り合わせであり、死と表裏一体でつながっているからこそ、人間の生は意味あるものとなります。死と向き合う時に、生は輝きを増します。死は、生きよと呼びかけているのではないでしょうか。

これと同質のものがコヘレトにもあるのです。コヘレトの時代背景には、度重なる紛争や戦争があったことは、第8章8節の「(人は) 戦争から解放されることはなく」からも想像できます。いやと言うほど多くの死を見つめるゆえに、そこから「(価値はなくても) 生きている犬」というような、生を無条件で肯定する逆説的発想がコヘレトから生まれます。**生きてさえいれば、希望がある**のだよ、とコヘレトは言いたいのです。死を選んではいけないという呼びかけなのです。この生への促しは、時代を超えて、現代を生きる私たちにも伝わってきます。

さあ、あなたのパンを喜んで食べよ。

あなたの葡萄酒を心地よく飲め。

そうだ、神はあなたの業をすでに受け入れた。

いつでもあなたの衣を純白にせよ。

あなたの頭には香油を絶やさないように。

あなたの束の間の人生すべての日々、愛する妻と共に人生を見よ。

それは、あなたの束の間の日々すべてに、太陽の下で彼（神）があなたに与えたものである。

そうだ、それは人生において、太陽の下で労苦するあなたの労苦においても、あなたの分け前なのだ。
あなたの手が見いだすすべてについて、あなたは力を尽くして行え。
そうだ、あなたが行こうとしている陰府には、業も戦略もなければ、知識も知恵もない。

〈新共同訳〉

さあ、喜んであなたのパンを食べ
気持よくあなたの酒を飲むがよい。
あなたの業《わざ》を神は受け入れていてくださる。
どのようなときも純白の衣を着て
頭には香油を絶やすな。

太陽の下《もと》、与えられた空しい人生の日々
　愛する妻と共に楽しく生きるがよい。
それが、太陽の下で労苦するあなたへの
　人生と労苦の報いなのだ。
何によらず手をつけたことは熱心にするがよい。
いつかは行かなければならないあの陰府には
仕事も企ても、知恵も知識も、もうないのだ。

ここで突然、呼びかけの文体に変化します。これまでの暗い色調とは対照的です。この段落は、第1章12節から第2章の「王の企て」に対応しています。そこではモノローグ（独白）でしたが、この段落はダイアローグ（対話）です。

コヘレトは死から生へと反転します。ここにあるのは快楽主義ではありません。人生を肯定しているのです。古代オリエント世界、またギリシャ世界にもこのような人生肯定の思想は広く見られました。たとえば、『ギルガメシュ叙事詩』◀18 にも似たものがあります。しかし、旧約聖書の知者コヘレトはダニエル書に見られる終末論的な禁欲を問題にしていると考えられます。これも黙示思想の要素だからです。ダニエル書にはこういう記述があります。

「そのころわたしダニエルは、三週間にわたる嘆きの祈りをしていた。その三週間は、一切の美食を遠ざけ、肉も酒も口にせず、体には香油も塗らなかった」（第10章2-3節）。

ダニエル書のダニエルは神の啓示を受けるため自ら禁欲的な態度を取ります。このような禁欲主義に対し、コヘレトは否を述べているのです。ダニエルが「美食を遠ざけ」「肉も酒も口にせず」「体には香油も塗らなかった」のに対し、コヘレトは「パンを喜んで食べよ」「葡萄酒を心地よく飲め」「頭には香油を絶やさないように」と勧めます。真逆の生き方が提示されています。

旧約聖書では、禁欲的な生き方は基本的に要求されません。ところが、コヘレトの時代に禁欲的な生き方が現れ、奨励されたようです。ダニエル書に見られる、強烈な終末的歴史観によって現世を否定的に評価し来世に希望を置く黙示思想的運動がそれです。

終末を待ち、終末到来後の世界に憧れると、現世を意味あるものとして肯定する生き方が失われます。コヘレトが「あなたが行こうとしている陰府には、業も戦略もなければ、知識も知恵もない」と述べる時、そこには強烈な黙示批判があります。

コヘレトは「あなたの束の間の人生すべての日々、愛する妻と共に人生を見よ」と勧めます。とても味わい深い言葉ではないでしょうか。旧約聖書の時代、平均寿命は35歳ほどでした。人生はまさしく「束の間」で、結婚して妻と生きる時間は限られています。**あとどれくらい生きられるか、あとどれくらい妻と一緒に過ごせるかをコヘレトは考えます。**「人生を見よ」は「楽しく生きよ」とも訳せますが、愛する妻と束の間の人生を共に歩むのですから、「人生を見よ」のほうがふさわしいように思われます。

18——ギルガメシュ叙事詩

古代オリエント文学の一作品。ギルガメシュが主人公の冒険物語です。彼は友人エンキドゥと共に、永遠の命を求めて放浪の旅に出ます。途中に洪水物語があり、これが旧約聖書のノアの洪水とよく似ていると指摘されます。

第9章11—12節　時と偶然

太陽の下、わたしは振り返って見た。
足の速い者のために競走があるのではなく、
勇士のために戦いがあるのではない。
知者のためにパンがあるのではなく、
賢明な者のために富があるのではない。
また、識者のために恵みがあるのではない。
そうだ、時と偶然は彼らすべてに臨む。
なぜなら、人は自分の時さえ知らないからである。

魚が悪しき網にかかるように、また鳥が罠にかかるように、
突然に襲いかかる悪しき時に、人の子らもまた捕らえられる。

〈新共同訳〉

太陽の下《もと》、再びわたしは見た。
足の速い者が競走に、強い者が戦いに
　必ずしも勝つとは言えない。
知恵があるといってパンにありつくのでも
聡明だからといって富を得《え》るのでも
知識があるといって好意をもたれるのでもない。
時と機会はだれにも臨むが
人間がその時を知らないだけだ。
魚が運悪く網にかかったり
鳥が罠にかかったりするように
人間も突然不運に見舞われ、罠にかかる。

解説

一見ひねくれた言葉が続きます。コヘレトは世界の不確かさ、先行き不透明さを語ります。世界記録を保持するアスリートがオリンピックでは必ずしも優勝できないように、思わぬことが起こります。まさしくそれが私たちの世界です。人間も突然、不運に見舞われます。

コヘレトの時代、ギリシャ化の流れの中で、ギュムナシオンと呼ばれる屋外競技場が造られ、競走や拳闘などの競技が行われました。それが背景にあります。「競走」や「戦い」がそれをほのめかします。きっと競走や拳闘では番狂わせがあったのでしょう。何気なく語るコヘレトの言葉に時代の空気が読み取れます。

この段落は、「コヘレトの言葉」の中で、第3章1-17節の「時の詩文」と構造的に対応します。「すべてを神は時に適ってなさり」「けれども、神が初めから終わりまでなさった御業を人は見極めることはできない」（第3章11節）というコヘレトの認識は、この段落にある「時と偶然は彼らすべてに臨む。なぜなら、人は自分の時さえ知らないからである」という言葉とつながります。神は時を創造しました。それは人間が計ることのできないカイロス[19]（質的時間）です。けれども、人間はそのカイロスを決してつかむことはできません。後になって初めてそれに気づかされます。**偶然が支配するということは、人間が時を予知することはできない**ということです。大切なのは、このように不確かな世界で、時を追いかけながら、どう生きるかです。そのことをコヘレトは教えてくれます。

19 —— **カイロス**
時計で計れる量的時間クロノスと区別される質的時間のこと。一瞬であると同時に永遠でもある時といえましょうか。人生を決定づける不思議な「時」があります。それは自らが操作できず、予定することもできません。たとえば人との出会いがそうです。

これもまた太陽の下でわたしが見た知恵であって、それはわたしにとって重大であった。

小さな町があって、僅かの住民がいた。そこに大王が侵攻して、町を包囲し、巨大な攻城堡塁《こうじょうほうるい》を築いた。

その町に貧しく知恵のある男が現れ、その知恵によって町を救った。けれども、人はその貧しい男を記憶することがなかった。

そこで、わたしは言った。知恵は武力に勝るが、貧しい男の知恵は侮られ、彼の言葉は聞かれることはなかった。

静けさの中で聞かれる知者の言葉は、愚者の中での支配者の叫びに勝る。
知恵は武器に勝る。けれども、一つの過ちが多くの幸いを破壊する。

〈新共同訳〉

わたしはまた太陽の下《もと》に、知恵について次のような実例を見て、強い印象を受けた。
ある小さな町に僅かの住民がいた。そこへ強大な王が攻めて来て包囲し、大きな攻《こう》城堡塁《じょうほうるい》を築いた。その町に一人の貧しい賢者がいて、知恵によって町を救った。しかし、貧しいこの人のことは、だれの口にものぼらなかった。それで、わたしは言った。

知恵は力にまさるというが
この貧しい人の知恵は侮られ
その言葉は聞かれない。

支配者が愚か者の中で叫ぶよりは
賢者の静かに説く言葉が聞かれるものだ。
知恵は武器にまさる。
一度の過ちは多くの善をそこなう。

解説

この段落は雰囲気がちょっと変わります。コヘレトは同時代の社会状況について語ります。ある町に大王が侵略して町を包囲し、攻城堡塁を築いたという記述は、旧約聖書続編のマカバイ記[20]一第9章62-73節にきわめてよく似ています。

それは、ユダヤの軍事指導者ヨナタン[21]とシモン[22]の兄弟が、強大なセレウコスの軍事侵攻を食い止めたという逸話です。二人は当時、民衆から期待を集めていました。当時、城壁で囲まれた小さな町ベトバシにセレウコスの将軍バキデスが攻撃を仕掛け、攻城機（攻城堡塁）を組み立て、城壁を破壊しようとしました。しかし、ヨナタンとシモンが協力して、敵の攻城機に火を放って大きな打撃を与え、町を救ったのです。セレウコス軍のベトバシ攻略[23]は失敗に終わりました。おそらく、この軍事的エピソードがこの段落の背景にあるようです。紀元前2世紀の中頃です。

ヨナタンは軍事的指導者として民衆の期待を集め、次第にユダヤで政治的な実権を握って行くのですが、ユダヤ社会はセレウコス支配と民族自立という狭間で混迷していました。町を救った「貧しく知恵のある男」とはヨナタンを指しているように思われます。この時代はまた、クムラン集団が祭儀共同体から離反していく時期でもありました。この集団は、黙示的共同体であり、ヨナタンを支持しませんでした。ヨナタンが大祭司となって祭儀共同体を支配したからです。しかし、コヘレトはヨナタンを支持しているようです。

「知恵は武器に勝る」とは、町を救った男の知恵を称賛することを意味します。そのあとの「一つの過ちが多くの幸いを破壊する」とは、意味がはっきりしません。この知恵ある軍事的指導者を忘れることは不幸だということでしょうか。

同時代に向けたコヘレトの政治的な発言ですが、示唆に富んでいます。「知恵は武力に勝る」は武力侵略に対して武器で立ち向かうよりも、知恵で立ち向かうことの大切さを語ります。また、「静けさの中で聞かれる知者の言葉は、愚者の中での支配者の叫びに勝る」は、力でねじ伏せる支配者を熱狂的に支持する世相に対して、静かに知恵ある言葉を語る指導者に聞くべきだという提言です。「一つの過ちが多くの幸いを破壊する」も、指導者の驕りに対する警告です。**武力抗争の時代にコヘレトの発言は光を放ちます。**

20——**マカバイ記**
旧約聖書続編に含まれる「マカバイ記」の2巻はそれぞれ独立の書。いずれも紀元前2世紀、パレスチナのユダヤ人に対する宗教的な迫害のゆえに起きた闘争を語る歴史記述です。

21――ヨナタン

紀元前2世紀半ば、マカバイ戦争の時代の人物。マッタティアの子であるユダ・マカバイの兄弟の一人。軍事闘争を開始したユダの死後、指導者となりました。セレウコス軍を敗走させ、紀元前152年に大祭司に就任しました。

22――シモン

ヨナタンと同様、マカバイ戦争の時代の人物。ヨナタンが倒れた後、その兄弟として指導者となり、大祭司に就任。そのあと王の地位に就き、これがハスモン王朝の始まりとなりました。

23――ベトバシ攻略

紀元前160年頃、マカバイ戦争時代に、セレウコス王朝との闘いの舞台となった要塞の町がベトバシ。マカバイ記一第9章に、この町を救済したヨナタンとシモンの活躍が記されます。

Column 3

最悪のシナリオを描き、最善を尽くせ　コヘレトが教えてくれる今の私たちへの指針

コヘレトは多くのことを現代の私たちに語りかけています。その中で、私たちにとって大事な指針となるのは、コヘレトの建設的な姿勢です。

コヘレトは現実を冷めた目で見つめるリアリストです。また、将来について悲観的な見方をします。たとえば、「何が起こるかを知る者は一人もいない。そうだ、何が起こるかを誰がその人に告知できるだろうか」（第8章7節）というように、将来に対してとても懐疑的です。これは、黙示思想が終末の到来を予告することへのコヘレトの拒絶を意味します。この悲観主義はコヘレトの特徴です。さらには、「地にどのような不幸が起こるか、あなたは知

らないからである」（第11章2節）と語り、まるで将来に最悪の事態を予測しているかのようです。将来、地上に起こる不幸とは、まさかの巨大地震や原発事故を私たちは考えるかもしれません。そういう最悪のシナリオをコヘレトは考えるのです。

ところが、悲観主義者コヘレトが出す結論は決して悲観的ではありません。先ほどの「どのような不幸が起こるか、あなたは知らないからである」という理由からコヘレトが出す結論は、「分け前を七つか八つに分けよ」（同）です。これは、リスクを分散して最悪を避けよという意味であり、また、今あるものを皆で分かち合いなさいという意味でもあります。

コヘレトは将来の最悪のシナリオを想定すると同時に、今、何をすべきかを徹底して考えるのです。その方向は建設的であり、また、そこでは他者との共生をも考えています。そういう意味で、コヘレトは建設的悲観論者といって良いのではないでしょうか。これが、コヘレトにおいて最も重要な指針です。このことが典型的に見られる言葉があります。「朝にあなたの種を蒔け。夕にあなたの手を休めるな。実を結ぶのはあれなのか、これなのか……あなたは知らないからである」（第11章6節）

種を蒔いても、実を結ぶ種はごく稀です。いや、どの種も実を結ばないかもしれない。そこには悲観的な未来観測があります。にもかかわらず、コヘレトは朝から夕まで徹底して種を蒔きなさい、と勧めます。コヘレトはどこまでも建設的に考えるのです。最悪のシナリオを考え、だからこそ今、最善を尽くせと教えます。それは、諦めるなという励ましにも聞こえます。コヘレトの建設的悲観論は、現代を生きる私たちにとって指針になるのではないでしょうか。先が見えないからこそ、明日に向かって種を蒔くのです。

第10章

何が起こるかを人は知り得ない

死んだ蠅は香料作りの油を臭くし、腐らせる。僅かの愚かさは知恵や栄光よりも重い。

知者の心は右に、愚者の心は左に。

愚者は行く道でも思慮に欠ける。彼は誰にでも自分が愚者だと伝える。

もしあなたに対して支配者が憤っても、あなたの場所を離れてはならない。冷静さが大きな罪を取り消す。

太陽の下に不幸があるのをわたしは見た。それは、権威者に由来する誤りのようなものである。

愚者が甚だしく高められ、富者が低い地位に座している。

わたしは、奴隷が馬に乗り、君侯が奴隷のように地を歩くのを見た。穴を掘る者はそこに落ち、石垣を崩す者を蛇が嚙む。石を切り出す者はそれで傷つき、木を割く者はそれで危険な目に遭う。もしなまった斧の刃を研いでおかなければ、力を要する。知恵は益があって成功をもたらす。

もし呪文がないのに蛇が嚙みつけば、呪文を唱える者に益はない。知者の口から出る言葉は恵み、愚者の唇は自らを滅ぼす。彼の口から出る言葉の初めは愚かさ、その口の終りは悪しき狂気。愚者は言葉を多くするが、何が起こるかを人は知らない。その後どうなるかを誰が告げることができようか。

愚者の労苦は身を疲れさせる。彼は町に行くことを知らない。

〈新共同訳〉

死んだ蠅は香料作りの香油を腐らせ、臭くする。
僅かな愚行は知恵や名誉より高くつく。
賢者の心は右へ、愚者の心は左へ。
愚者は道行くときすら愚かで
だれにでも自分は愚者だと言いふらす。
主人の気持があなたに対してたかぶっても
その場を離れるな。
落ち着けば、大きな過ちも見逃してもらえる。
太陽の下《もと》に、災難なことがあるのを見た。
君主の誤りで
愚者が甚だしく高められるかと思えば
金持ちが身を低くして座す。
奴隷が馬に乗って行くかと思えば
君侯が奴隷のように徒歩で行く。

落とし穴を掘る者は自らそこに落ち
石垣を破る者は蛇にかまれる。
石を切り出す者は石に傷つき
木を割る者は木の難に遭う。
なまった斧を研いでおけば力が要らない。
知恵を備えておけば利益がある。
呪文も唱えぬ先に蛇がかみつけば
呪術師には何の利益もない。
賢者の口の言葉は恵み。
愚者の唇は彼自身を呑み込む。
愚者はたわ言をもって口を開き
うわ言をもって口を閉ざす。
愚者は口数が多い。
未来のことはだれにも分からない。
死後どうなるのか、誰が教えてくれよう。
愚者は労苦してみたところで疲れるだけだ。
都に行く道さえ知らないのだから。

解説

第10章は格言の羅列の章です。一貫したものがないように思えますが、よく読むと、前章の知恵の逸話から続いていることに気づかされます。その逸話をきっかけに、コヘレトは賢者と愚者のコントラストを格言の羅列で表現しているのです。その背景にはコヘレトの時代状況があります。

コヘレトは愚者をこき下ろします。「死んだ蠅は香料作りの油を臭くし、腐らせる」は、たった一匹の死んだ蠅が混入するだけで香料が台無しになるたとえで、愚者の愚かさがもたらす弊害を揶揄《やゆ》します。「穴を掘る者はそこに落ち」は、文字どおり「墓穴を掘る」という意味です。「石垣を崩す者を蛇が嚙む」は、破壊的な行為は不幸な結果になるということです。イスラエルでは石垣の隙間に蛇が潜んでいて、知らずに嚙まれることもあったようです。

知者と愚者が鋭く対比されますが、愚者とは誰を指すのか、ここでははっきりしません。けれども、「何が起こるかを人は知らない。その後どうなるかを誰が告げることができようか」という言葉は、先に解説した第8章に見られるように、コヘレトが黙示的集団を批判する際の定型表現です。おそらく、コヘレトは愚者をこき下ろすことで、この人々を批判しているのだと説明できます。

「何が起こるかを人は知らない」ということは、終末がいつ来るかを知ることはできないというコヘレトの主張です。それに対して、黙示的集団は神の啓示によって終末の到来を喧伝しました。ダニエル書はそのような黙示思想によって記されています。コヘレトが「愚者は言葉を多くする」と言うのは、それを指していると言えます。「その（愚者の）口の終わりは悪しき狂気」もそうです。終末が到来という神の秘義を既知のものとして語る黙示的集団について、コヘレトは「悪しき狂気」とすら見ています。

「彼（愚者）は町に行くことを知らない」というちょっと謎めいた言葉は、コヘレトの時代に黙示的集団が大祭司ヨナタンを支持せず、エルサレムを去り、クムランに独自の共同体を設立したことを指しているようです。彼らの行動が当時のユダヤ社会を混乱させる事態となり、コヘレトはそれを非難しているのです。そうだとすれば、「あなたに対して支配者が憤っても、あなたの場所を離れてはならない」という命令は、支配者（ヨナタン）に恭順であり、エルサレムに留まりなさい、というコヘレトの呼びかけの言葉だと考えられます。ユダヤ社会が混乱する中で、**「冷静さが大きな罪を取り消す」**という言葉が示唆を与えます。

「あなたの王が若者で、君侯たちが朝から食している地よ、あなたは災いである。

あなたの王が高貴な生まれで、君侯たちが力を有し、飲むためではなく、ふさわしい時に食する地よ、あなたは幸いである」

怠慢によって屋根は落ち、手を抜くと家は雨漏りする。

食事を作るのは笑うため、葡萄酒は人生を楽しませる。また銀はすべてに応えてくれる。

心の中ですら王を呪ってはならない。寝室で富者を呪っては

ならない。そうだ、空の鳥がその声を運び、翼の主人がその
言葉を告知する。

〈新共同訳〉

いかに不幸なことか
王が召し使いのようで
役人らが朝から食い散らしている国よ。
いかに幸いなことか
王が高貴な生まれで
役人らがしかるべきときに食事をし
　決して酔わず、力に満ちている国よ。

両手が垂れていれば家は漏り
両腕が怠惰なら梁は落ちる。
食事をするのは笑うため。
酒は人生を楽しむため。
銀はすべてにこたえてくれる。
親友に向かってすら王を呪うな。
寝室ですら金持ちを呪うな。
空の鳥がその声を伝え
翼あるものがその言葉を告げる。

解説

奇妙な格言が引用されます。「……あなたは災いである、……あなたは幸いである」は、王について語る政治的な発言です。典型的な格言ですが、これは、おそらくコヘレトではなく、論敵である黙示的集団の声の引用だと思われます。「王が若者で」というのは、ヨナタンあるいはシモンを指します。反セレウコス闘争を指揮する民族的英雄ヨナタンは紀元前１５２年に大祭司に就任し、シモンはその後、王位に就きました。そのヨナタンの大祭司就任を批判したのは初期クムラン共同体です。この共同体が終末到来を喧伝する黙示的集団でした。この人々の声が格言のごとくに引用されているようです。ヨナタンの大祭司就任によって、ユダヤ教団は事実上、セレウコス王朝から自治権を奪い取りました。これについてコヘレトは警告を発しているのかもしれません。

　これに続いて記されるのは、コヘレト自身の言葉です。飲食をたたえるのはコヘレトの特徴でした。コヘレトには生を謳歌する思想があります。「銀はすべてに応えてくれる」は、財産を蔑視して禁欲に生きる黙示的集団への批判でしょう。黙示的集団の生き方は、ダニエル書に特徴的に見られます。そこには、終末の到来を前にして禁欲的に生き、死の向こうにある永遠の命を得ようとする態度があります。それをコヘレトは拒否します。神から与えられた生を生きるというイスラエルの伝統的な倫理が根底から揺らぐからです。

「心の中ですら王を呪ってはならない」は、コヘレトの社会的発言です。「翼の主人」は「空の鳥」と対応する意味がありますが、謎めいた言葉です。まるでドローンを指しているかのようです。「翼の主人がその言葉を告知する」とは、密かに王を呪っても、誰かの耳に入るという警告でしょう。密告者やスパイのことを語っているのかもしれません。政治的に混乱した時代状況では、常に発言について自重せよ、ということです。王の前では慎重な態度を取れ、ということは第8章でも語られています。

コヘレトは政治の腐敗や社会のゆがみに批判的な態度を示しますが、ここでは王を呪うような言葉は慎めと語ります。寝室で富者を呪ってはならない、と忠告しています。あちこちに監視カメラのある大規模監視社会を予告しているかのようです。まるで現代社会に向かって警告しているようです。

第11章

最善を尽くし、徹底して生きよ

第11章1―6節　決定と不可知

あなたのパンを水面に流せ。
多くの日が過ぎれば、それを見いだすからである。
分け前を七つか八つに分けよ。
地にどのような不幸が起こるか、あなたは知らないからである。
雲が満ちれば、雨が地に降り注ぐ。
木が南に倒れても、北に倒れても、その倒れた場所に木は横たわる。
風を見守る者は種を蒔けない。

雲を見る者は収穫できない。
あなたは妊婦の胎で骨ができるように、息の道はどのようで
あるかを知らないのだから、すべてをなす神の業を知り得ない。
朝にあなたの種を蒔け。夕にあなたの手を休めるな。
実を結ぶのはあれなのか、これなのか、あるいは、その両方
なのか、あなたは知らないからである。

〈新共同訳〉

あなたのパンを水に浮かべて流すがよい。
月日がたってから、それを見いだすだろう。
七人と、八人とすら、分かち合っておけ
国にどのような災いが起こるか
　分かったものではない。
雨が雲に満ちれば、それは地に滴る。
南風に倒されても北風に倒されても
木はその倒れたところに横たわる。
風向きを気にすれば種は蒔けない。
雲行きを気にすれば刈り入れはできない。
妊婦の胎内で霊や骨組がどの様になるの
かも分からないのに、すべてのことを成し
遂げられる神の業《わざ》が分かるわけはない。
朝、種を蒔け。夜にも手を休めるな。
実を結ぶのはあれかこれか
それとも両方なのか、分からないのだから。

解説

「パンを水面に流せ」とは何のことでしょうか。これは、海洋貿易を例えているといわれます。古代の海洋貿易は悪天候による船の遭難など、不慮の事故が起こる危険性が常にありました。せっかく生産物を積んだ船を遠くに送り出しても、無事に帰って来て利益をもたらすかどうかはまったく不透明です。それでもパンを海の向こうにいる人に手渡せ、という勧めだと説明できます。

あるいはまた、これは慈善行為を奨励することわざだと説明することもできます。慈善行為は必ずしも報われるとは限らず、徒労に終わるかもしれません。けれども、「多くの日が過ぎれば、それを見いだすからである」と記されるように、小さな愛の業はいつかどこかで実を結ぶのではないでしょうか。報いを望まず、人に与えなさいという教えです。積極的な行動への勧めなのです。

続く「分け前を七つか八つに分けよ」も、建設的な行動への勧めです。これは、「七人、八人と分かち合え」と訳すこともできます。この勧めの根拠は、「地にどのような不幸が起こるか、あなたは知らないから」です。将来への悲観的な予測があります。この先、最悪な災害や事故が起こるかもしれません。「七つか八つに分けよ」は、リスクの分散という提言になります。「七人、八人と分かち合う」とは、あるものを皆で分かち合うという積極的提言です。コヘレトを厭世主義者や虚無主義者と決めつける読み方がありますが、ここではまったく当てはまりません。コヘレトは最悪のシナリオを考えます。しかし、そのような悲観的な予測が、逆に、今あるものを分かち合い、共に生きるという説得的で、建設的な発想に転化するのです。

雲が満ちれば雨が降ります。樹木は吹く風によって倒れる方向が定まります。妊婦の胎内で胎児がどう育つかわからないように、神がなさる業を人間は知ることができません。神はすべてを決定していても、人間には不可知だということです。それならば、何をしても無駄で、流れに任せて生きるしかない、というネガティブな結論になるでしょうか。そうではありません。

次の種蒔きの発言に驚かされます。古代の種蒔きは原始的です。どの種が実を結ぶか皆目わかりません。いや、どの種も実を結ばず、すべて駄目かもしれません。けれども、コヘレトは「朝にあなたの種を蒔け。夕にあなたの手を休めるな」と勧めます。これは、朝から夜まで、徹底して種を蒔き続けなさい、ということです。**すべてが徒労に終るかもしれない悲観的な結論に至る瀬戸際で、だからこそ最善を尽くし、徹底して生きよとコヘレトは勧めます。**将来には絶望的事態がありうるからこそ、今何をなすべきかがわかるとコヘレトは考えるのです。これは建設的悲観論とも言えるでしょう。

光は快く、太陽を見るのは心地よい。

人が多くの年月を生きるなら、これらすべてを楽しむがよい。

けれども、闇の日々を思い起こせ。そうだ、それらははなはだ多く、すべては束の間にやって来る。

若者よ、あなたの若さを楽しめ。若き日々にあなたの心を快活にせよ。あなたの心の道を、あなたの目に映るとおりに歩め。

けれども、これらすべてにおいて神があなたを支配して導くと知れ。

あなたの心から悩みを取り去り、あなたの体から痛みを取り除け。
若さも青春も束の間だからである。

〈新共同訳〉

光は快く、太陽を見るのは楽しい。
長生きし、喜びに満ちているときにも
暗い日々も多くあろうことを忘れないように。
何が来ようとすべて空しい。
若者よ、お前の若さを喜ぶがよい。

青年時代を楽しく過ごせ。
心にかなう道を、目に映るところに従って行け。
知っておくがよい
神はそれらすべてについて
お前を裁きの座に連れて行かれると。
心から悩みを去り、肉体から苦しみを除け。
若さも青春も空しい。

解説

コヘレトはまた対話を始めます。この段落は続く第12章2節前半まで続くのですが、第11章の最後で区切ることにしました。喜びと苦しみが交互に現れ、陽と陰のアンバランスが目立ちますが、コヘレトは「若さも青春も空しい」という結論に至るのでは決してありません。

「空しい」と訳されがちな原語へベルは、必ずしもネガティブな意味ではありません。すでに解説したとおり、「空しい」ではなく、「束の間」と訳せる言葉です。人生は束の間だという意味です。コヘレトは「若さも青春も空しい」と結論しているように読めますが、そうではなく、「若さも青春も束の間」だからこそ、青春の日々を喜んで生きよと勧めるのです。「人生は束の間」が根拠になって、コヘレトは「生きよ」と言うのです。

「光は快く、太陽を見るのは心地よい」は、この地上で生きていることを無条件で喜ぶ人生肯定の表現です。「すべては束の間にやって来る」は、これから来るすべては束の間であるという意味で、人生の残りの時間が束の間だということを教えています。

「闇の日々を思い起こせ」は、「青春の日々」が限られていることを諭させる勧めです。それは、神の裁きがあるという警告とは理解できません。コヘレトは死後の裁きを語らないからです。人間の自由に対して、神の支配ということが端的に表現されています。というのも、死後の裁きと復活を語るのは黙示思想であって、そのような終末思想をコヘレトは退けるからです。

人生は限られています。コヘレトの時代に、平均寿命は35歳くらいでした。現代とはまるで異なる人生感覚です。20歳になった若者が生きられる時間は十数年です。「若さも青春も束の間だからである」ということは誇張ではなく、実感だったのです。ですから、これは若者に対する呼びかけだけでないことがわかります。人生の秋を迎えた高齢者に対する呼びかけでもあります。「あなたの心の道を、あなたの目に映るとおりに歩め」は、思う存分に若さを楽しめという意味で、いわば**「命短し、恋せよ乙女」**と言い換えられるでしょう。「青春」という言葉は黒髪を意味します。

第12章

塵《ちり》は元の大地に帰る

若き日々にあなたの創造主を思い起こせ。
不幸な日々がやって来て、「それらにはわたしの
楽しみはない」と言う年齢が近づかないうちに。
太陽が、また光と月と星が闇にならないうちに。

〈新共同訳〉

青春の日々にこそ、お前の創造主に
心を留めよ。
苦しみの日々が来ないうちに。

「年を重ねることに喜びはない」と
言う年齢にならないうちに。
太陽が闇に変わらないうちに。
月や星の光がうせないうちに。

解説

短い段落ですが、これは直前の段落につながる部分です。第12章2節前半で区切られているのは、「太陽」と「光」が、第11章7節の「光」と「太陽」と呼応して、一つの段落の枠組みを構成しているからです。

この段落では、第11章のおしまいの「若さも青春も束の間だからである」につながって、「若き日々にあなたの創造主を思い起こせ」という勧めが語られます。

この勧めはコヘレトの言葉の中でよく知られている、聖書の名言です。けれども、若いうちに創造主を知れば、年を取って幸せになれる、とは書かれていません。そういう意味ではないのです。

これは若者への呼びかけだけでなく、すべての人に向けられています。人生は「束の間」であり、残された時間をどう生きるかをコヘレトが考えているからです。人生は束の間という感覚は若者だけでなく、高齢者も同じです。平均寿命が35歳という旧約聖書時代の現実があるからです。

コヘレトは人生の終りを見つめます。それは「不幸な日々」と表現されています。第11章の「闇の日々」と呼応します。その日々がやって来る。その備えをせよ、という意味になります。

しかし、コヘレトの人生観は、死に向かう悲壮な覚悟を決めることではありません。そうではなく、今をどう生きるかに向かいます。残りの時間を徹底して生きよということです。**「あなたの創造主を思い起こせ」は、今、私が生きているのは神から与えられた命を生きているのだ、という事実を忘れるなという意味です**。死という終りを見つめるなら、今、生きている命は神の賜物だという恵みに気づかされます。コヘレトの人生肯定が際立ちます。

第12章2節後半―8節　結末の詩

雨の後にまた雲が戻って来る。
その日には、家を守る男たちは震え、
力ある男たちは身を屈める。
粉ひく女たちは少なくなっていなくなり、
窓辺で眺める女たちは暗くなる。
粉ひく音が低くなると、通りの門は閉ざされる。
鳥のさえずりで人は起き上がるが、歌の娘たちは皆うなだれる。
人々は高い場所を恐れ、道には恐怖がある。
アーモンドは花咲き、バッタはよろよろ歩き、アビヨナはしぼむ。

そうだ、人は永遠の家に行き、嘆く者たちは通りを巡る。
ついに、銀の糸は断たれ、金の鉢は砕ける。
泉で壺は割れ、車輪は穴で砕け散る。
塵は元の大地に帰り、息はこれを与えた神に帰る。
ほんの束の間、とコヘレトは言う。すべては束の間である。

〈新共同訳〉

雨の後にまた雲が戻って来ないうちに。

その日には
家を守る男も震え、力ある男も身を屈める。
粉ひく女の数は減って行き、失われ
窓から眺める女の目はかすむ。
通りでは門が閉ざされ、粉ひく音はやむ。
鳥の声に起き上がっても、歌の節は低くなる。

人は高いところを恐れ、道にはおののきがある。
アーモンドの花は咲き、いなごは重荷を負い
アビヨナは実をつける。
人は永遠の家へ去り、泣き手は町を巡る。
白銀《しろがね》の糸は断たれ、黄金の鉢は砕ける。
泉のほとりに壺は割れ、井戸車は砕けて落ちる。
塵は元の大地に帰り、霊は与え主である神に
帰る。
なんと空しいことか、とコヘレトは言う。
すべては空しい、と。

解説

「コヘレトの言葉」の結末の詩文です。これは、第1章2-11節の冒頭の詩文とよく似ています。第1章冒頭の詩文は、宇宙の終りはやって来ないと結論しますが、この結末の詩では、人間の死こそが終末であるという結論になります。「その日には」は、それを象徴的に示します。

旧約聖書の知恵文学には人間の死を超える彼岸的な思想はありません。むしろ死という終りまで、積極的に生きることが知恵文学では重要な関心事です。コヘレトはこの結末の詩において、そのような知恵の思考に基づいて語り、彼岸的な思考をする黙示的終末論に対峙したのです。

冒頭の詩が、「束の間」で始まり、結末の詩文が同様に「束の間」で終ることも偶然ではありません。ヘブライ語のヘベルは「空しい」と訳されるより、「束の間」と訳されるのが適切です。コヘレトは「束の間」を繰り返すことで、人間に与えられている限られた生の時間を表現します。この時間をどう生きるか。束の間だからこそ、この時を徹底して生きよ、諦めるな、今、こうして生きているだけで丸儲けではないか。そのように、前向きに生きることへの強烈な励ましのメッセージがコヘレトの言葉には込められているのです。

この結末の詩は比喩的な意味を持つ見事な詩です。「家を守る男たちは震え」は、高齢による膝や手の震え、「力ある男たちは身を屈める」は高齢によって腰が曲がるたとえです。「粉ひく女たちは少なくなっていなくなり」は、歯が抜けること。「窓辺で眺める女たちは暗くなる」は、視力が衰え、目がかすむことです。「粉ひく音が低くなると、通りの門は閉ざされる」は、耳が遠くなることです。

「鳥のさえずりで人は起き上がるが、歌の娘たちは皆うなだれる」は、朝の目覚めが早くなり、また声が低くなることでしょう。さらに、「アーモンドは花咲き」は、白髪になること。「バッタはよろよろ歩き」は、腰が曲がってよろよろ歩く姿です。「アビヨナ[24]はしぼむ」は、食欲や性欲が失われるという意味です。比喩的ですが、強烈なリアリズムがあります。

こうして、人は高齢になって徐々に体が衰えていきます。最後は、「人は永遠の家に行き」、つまり死を迎えるのです。「嘆く者たちは通りを巡る」は葬送の行列を指しています。「塵は元の大地に帰り」ます。塵から造られた人間はまさしくそうです。そしてまた、「息はこれを与えた神に帰る」のです。人間は神によって鼻から息を吹きかけられて生きる者となったように、その命の息は神に帰ります。このようにして、コヘレトは死によって人間は神のもとに帰るのだ、という信仰を表現しています。結末の詩の結びは、冒頭の詩と同様に、「すべては束の間である」と締め括られます。これは「すべては空しい」という意味の厭世的な結論ではありません。**むしろ、そこから反転し、今ある命を生きよと、コヘレトは呼びかけているのです。**

24――アビヨナ
ヘブライ語で、植物の名です。「フウチョウボク」(ケーパー)と言い換えられます。古来、媚薬の性質を持つとされます。コヘレトの言葉に、「アビヨナがしぼむ」という表現で出てきます。

第12章9－14節　コヘレトの後書き

さて、コヘレトは知者であっただけでなく、さらに民に知識を教えた。彼はまた多くの格言を探し、吟味し、整理した。コヘレトは望ましい言葉を見つけ出そうと努め、真実の言葉を正しく書き留めた。

知者たちの言葉は突き棒や打ち込まれた釘に似ている。集められたものは一人の牧者に由来する。

これらのほかに、わが子よ、心せよ。多くの書物を作っても果てがなく、多くの学びは体を疲れさせる。

言葉の終り。すべては聞き取られた。神を畏れ、その戒めを守れ。これこそ人間のすべてである。

そうだ、神は良いことであろうと悪であろうと、いっさいの業を支配によって、すべて隠されたものへと導く。

〈新共同訳〉

コヘレトは知恵を深めるにつれて、より良く民を教え、知識を与えた。多くの格言を吟味し、研究し、編集した。コヘレトは望ましい語句を探し求め、真理の言葉を忠実に記録しようとした。賢者の言葉はすべて、突き棒や釘。ただひとりの牧者に由来し、収集家が編集した。

それらよりもなお、わが子よ、心せよ。
書物はいくら記してもきりがない。
学びすぎれば体が疲れる。
すべてに耳を傾けて得た結論。
「神を畏れ、その戒めを守れ。」
これこそ、人間のすべて。
神は、善をも悪をも
一切の業《わざ》を、隠れたこともすべて
裁きの座に引き出されるであろう。

解説

この最後の段落は、編集者による付け加えと説明されるのが常です。けれども、この部分にもコヘレトの思想が反映されています。

「多くの書物を作っても果てがなく」とか「多くの学びは体を疲れさせる」は、皮肉たっぷりな言い方です。これは、エルサレムから離れ死海周辺に居住したクムラン集団への批判として読めます。この集団は多くの文書を保持し、勤勉に生活する特殊な黙示的集団でした。第二次世界大戦後、死海沿岸の洞窟群からおびただしい数の写本が発見され、クムラン集団に由来するものと見なされています。この集団において、神からの啓示の徴《しるし》として多くの書物が作成されました。「果てがない」は、ヘブライ語で「終りはない」という意味で、「終末なんて存在しない」という揶揄だとわかります。このように、コヘレトは後書きでも黙示的集団を退けているのです。

「神を畏れ、その戒めを守れ」は律法遵守の姿勢を示します。コヘレトはユダヤ教団の伝統的な姿勢を支持します。大切なことは、死の向こう側に幸いを見るのではなく、地上で与えられた務めを果たしなさい、ということです。「神は良いことであろうと悪であろうと、いっさいの業を支配によって、すべて隠されたものへと導く」は、最後の審判を語っているように読めます。けれども、コヘレト自身はそういう考え方をしません。これは終末の審判を語るのではなく、むしろ、死後どうなるかは「隠されたもの」であって、神の御手に委ねると告白しているのです。隠されたものを顕わにする黙示思想とは対照的に、隠された事柄は神に属するのであって、地上を生きる人間には律法の言葉を守る使命だけが託されている。これがコヘレトの結論です。

コヘレトは、**人間は神によって土の塵から創造され命を与えられたのだから、最後は塵に戻り、創造主である神のもとに帰る**と考えます。そう受け止めるゆえに、死後の復活は否定されます。それが伝統的なユダヤ教の思考なのです。それを突破する黙示思想にコヘレトは与《くみ》しません。言い換えると、旧約聖書にはコヘレトのような此岸的思考と共に、死後の復活に価値を置く黙示的な彼岸的思考が存在します。この両極的な思考が旧約聖書に存在し、これが旧約聖書の最終到達点となるのです。

おわりに

聖書の中でもっとも風変わりな「コヘレトの言葉」を、これまでとはまったく異なる読み方で全編解説をしました。旧約聖書にこのような面白い書があるのだ、ということを皆さんに知っていただければ幸いです。

世界は閉塞し、息苦しく、将来に悲観的なシナリオしか描けない今の私たちに、コヘレトは明日に向かってとことん種を蒔けと勧めてくれます。無数の種の中でたった一粒かもしれませんが、いつか芽を出し、やがてきっと実を結ぶ日が来ます。

たとえ次の世代、いや、さらに次の世代に実現することになるとしても。もはや何をしても無駄、では決してありません。

今、私たちにできることがあります。

「たとえ明日、世の終りが来ようとも、今日、わたしはリンゴの木を植えよう」。これはマルティン・ルターの言葉だと言われますが、コヘレトが言っていることと何と似ていることでしょう。

建設的な悲観主義者コヘレトの言葉が私たちに寄り添い、くじけるな、今日を生きよと呼びかけます。人生に無意味なことはありません。

本書は小著ですが、画期的な本になりました。

企画をしてくださった草思社の五十嵐麻子さん、デザインを担当してくださった柿沼みさとさんに心からお礼を申し上げます。

2025年3月

小友　聡

参考文献

『聖書　口語訳』日本聖書協会（1995年）
『聖書　新共同訳　旧約続編つき』日本聖書協会（1987年）
『聖書　新改訳2017』日本聖書刊行会（2017年）
『聖書　聖書協会共同訳』日本聖書協会（2018年）
『XIII ルツ記　雅歌　コーヘレト書　哀歌　エステル記』
　月本昭男他訳　岩波書店（1998年）
『ギルガメシュ叙事詩』矢島文夫訳、筑摩書房（1998年）
『ユダヤ戦記』1-3　フラウィウス・ヨセフス、秦剛平訳　筑摩書房（2002年）
『イエス・キリストの時代のユダヤ民族史』
　1-IV　エーミール・シューラー、小河陽他訳、教文館（2012-2015年）
『「空の空」―知の敗北』中沢洽樹　山本書店（1985年）
『キリスト教の自己批判　明日の福音のために』上村静　新教出版社（2013年）
『旧約における超越と象徴　解釈学的経験の系譜』関根清三　東京大学出版会（1994年）
『終わりから今を生きる』大貫隆　教文館（1999年）
『「コーヘレトの言葉」注解』西村俊昭　日本キリスト教団出版局（2012年）
『コヘレトの言葉を読もう　「生きよ」と呼びかける書』
　小友聡　日本キリスト教団出版局（2019年）

『NHKこころの時代～宗教・人生～それでも生きる　旧約聖書「コヘレトの言葉」』小友聡　NHK出版（2020年）
『VTJ旧約聖書注解　コヘレト書』小友聡　日本キリスト教団出版局（2020年）
『別冊NHKこころの時代　宗教・人生　すべてには時がある　旧約聖書「コヘレトの言葉」をめぐる対話』若松英輔／小友聡　NHK出版（2021年）
『コヘレトと黙示思想』小友聡　教文館（2023年）

ブックデザイン　柿沼みさと
校正　有賀喜久子
協力　一般社団法人日本聖書協会

小友　聡　おとも・さとし

1956年生まれ。弘前高校卒業、東北大学文学部卒業、東京神学大学大学院修士課程修了。ドイツ・ベーテル神学大学留学（神学博士）。現在、日本旧約学会会長、日本基督教団牧師（無任所）。2018年『聖書　聖書協会共同訳』旧約部分原語訳担当。2020年、NHK「こころの時代：それでも生きる——旧約聖書『コヘレトの言葉』」講師。著書に『コヘレトの言葉を読もう——「生きよ」と呼びかける書』（日本キリスト教団出版局、2019年）、『NHKこころの時代～宗教・人生～それでも生きる　旧約聖書「コヘレトの言葉」』（NHK出版、2020年）、『VTJ 旧約聖書注解　コヘレト書』（日本キリスト教団出版局、2020年）、『謎解きの知恵文学——旧約聖書・「雅歌」に学ぶ』（YOBEL新書、2021年）、『旧約聖書と教会——今、旧約聖書を読み解く』（教文館、2021年）、『絶望に寄りそう聖書の言葉』（ちくま新書、2022年）などがある。

ご意見・ご感想は、
こちらのフォームからお寄せください。
https://bit.ly/sss-kanso

人生《じんせい》に無意味《むいみ》なことなどない
今《いま》を生《い》きるコヘレトの言葉《ことば》

2025年4月7日　第1刷発行

著者　小友《おとも》　聡《さとし》
発行者　碇　高明
発行所　株式会社草思社
〒160-0022
東京都新宿区新宿1-10-1
電話　営業　03（4580）7676
編集　03（4580）7680

印刷所　中央精版印刷株式会社
製本所　中央精版印刷株式会社

ISBN978-4-7942-2775-1 Printed in Japan　検印省略